打动投资人
直击人心的
商业计划书

张进财 ◎ 著

清华大学出版社
北 京

内容简介

无论是刚刚创业还是准备出售现有的业务，商业计划书的撰写都是必不可少的，这是不能绕开的一个重要环节。

本书为商业计划书的撰写与包装提供了专业性指导，其内容包括如何研究市场情况，如何展示管理技能，以及如何成功地表达战略愿景等诸多方面。无论是筹措资金，还是出售一个业务单元，或是开发一个特定项目，本书都能为其商业计划书的撰写提供令人信服的一站式写作指导。

本书适合以下人士阅读：正在筹划创业的初创者、希望通过商业计划书获得融资的商业人士、想通过招商或融资实现进一步发展的企事业单位工作人员、希望通过商业计划书厘清商业思路并指导公司有计划地开展经营管理活动的相关人员，以及高等院校市场管理与营销等专业的学生。

本书封面贴有清华大学出版社防伪标签，无标签者不得销售。
版权所有，侵权必究。举报：010-62782989，beiqinquan@tup.tsinghua.edu.cn。

图书在版编目 (CIP) 数据

打动投资人：直击人心的商业计划书 / 张进财著 . —北京：清华大学出版社，2019（2022.7重印）

ISBN 978-7-302-53051-0

Ⅰ. ①打… Ⅱ. ①张… Ⅲ. ①商业计划—文书—写作 Ⅳ. ① H152.3

中国版本图书馆 CIP 数据核字 (2019) 第 094680 号

责任编辑：陈立静
封面设计：杨玉兰
责任校对：李玉茹
责任印制：杨 艳

出版发行：清华大学出版社
网　　址：http://www.tup.com.cn, http://www.wqbook.com
地　　址：北京清华大学学研大厦 A 座　　邮　编：100084
社 总 机：010-83470000　　邮　购：010-62786544
投稿与读者服务：010-62776969, c-service@tup.tsinghua.edu.cn
质量反馈：010-62772015, zhiliang@tup.tsinghua.edu.cn

印 装 者：三河市金元印装有限公司
经　　销：全国新华书店
开　　本：170mm×240mm　　印　张：13.25　　字　数：212 千字
版　　次：2019 年 7 月第 1 版　　印　次：2022 年 7 月第 8 次印刷
定　　价：49.80 元

产品编号：081233-01

前言

在市场经济快速发展以及国家政策大力支持的前提下，众多有志精英纷纷加入创业大军。创业潮虽然进行得如火如荼，但不少初创企业由于资金问题而陨落；度过了初创阶段又迫切希望快速成长的团队，也需要资金支持来进行下一步的发展。资金是伴随企业一路发展不可或缺的重要角色，而一份优质的商业计划书是企业打动投资者的前提。

近年来，商业计划书作为企业融资的基础内容之一，使无数企业获得融资，甚至帮助它们成为商业巨头。在未来的发展中，无论企业成长到多大规模，都需要商业计划书来引导企业创造属于自己的商业奇迹。

但是，由于我国企业对商业计划书撰写的重视程度不足、撰写人员的素质与能力难以与企业的融资需求相匹配，在商业计划书的撰写上，撰写人员会出现缺乏实用性、数据不准确、对企业的实际诉求理解不到位等多种问题，使企业的融资工作不能达到预期效果，进而阻碍企业的发展。

本书的写作目的就是解决上述问题，它具备以下四个特色。

1. 内容全面，详略得当

本书分为三个部分：正确认识商业计划书、撰写商业计划书的流程、商业计划书的用途与投递。全书内容以层层递进的形式展开，系统全面地分析了商业计划书的各个要素。对于知识点相对浅显的内容仅进行简单介绍，重点讲解商业计划书的撰写与包装技巧，内容安排详略得当，更具实用性。

2. 简明易懂，采用大量图表、案例进行辅助说明

本书内容通俗易懂，对抽象性的专业术语、行业名词等都进行了详细解释。此外，本书还通过大量事例样本、图表分析等，帮助读者直观、全面地了解商业计划书的精粹内容。

3. 实用性强，对撰写人员有借鉴意义

本书汇集了大量生动、精彩的案例，旨在通过深入透彻的案例分析，为撰写人员提供极具借鉴意义的写作模板，并启发撰写人员的创新思维。

4. 成功案例与失败案例相对比

商业计划书对于企业具有巨大的影响力，一份优秀的商业计划书能够让企业在融资市场中脱颖而出，而一份失败的商业计划书也会让企业面临无人问津的尴尬境地。在本书的写作过程中，笔者时常将成功的商业计划书与失败的计划书进行对比，从中体会二者的差别，以帮助撰写人员避开雷区。

希望本书能帮助读者成功取得融资。因为笔者水平有限，书中难免存在疏漏与不足，恳请广大读者不吝赐教。

笔 者

打动投资人：直击人心的商业计划书

目录

第一章　认识商业计划书 / 001
一、什么是商业计划书？ / 001
二、别对商业计划书有误解 / 014
三、商业计划书对创业的作用 / 020

第二章　商业计划书的分类 / 030
一、路演型商业计划书：风投资金澎湃入库的导流渠道 / 030
二、工作型商业计划书：事无巨细，完美的工作指南 / 047
三、验证型商业计划书：能够让你与投资人复谈约见的文件 / 051

第三章　撰写商业计划书的前期准备 / 055
一、市场调研，不懂市场，投资人如何信任你？ / 055
二、信息到手，别忘了完成调研报告 / 062
三、打磨调研内容，给自己做好定位 / 066

第四章　商业计划书的构成 / 072
一、公司信息：先给投资人做个自我介绍 / 072
二、产品信息：投资人可能也是个产品经理 / 078
三、团队成员：有好创意，也要有好的执行力 / 085
四、营利模式：没有利润，一切都是空谈 / 090
五、营销策略：展现战略部署，给投资人一份信心 / 097
六、财务分析：理论上的憧憬，是数字与资金上的信心 / 104

目录

　　七、融资需求：我投商业计划书就是为了这个，给我这些钱吧 / 110
　　八、风险问题：创业有风险，投资需谨慎 / 116
　　九、退出途径：风险降临？放心，风投不会被套牢 / 123
　　十、信息摘要：一份迷你版的商业计划书 / 130

第五章　商业计划书的细节完善 / 135
　　一、布局原则：别让投资人看得头皮发麻 / 136
　　二、用字规则：简洁明了是根本要义 / 141
　　三、图表规则：一切是为直观而设计 / 144
　　四、数字规则：能用数字说明的，绝不用文字 / 149
　　五、PPT：向投资人传达商业计划书内容的最佳媒介 / 153
　　六、其他细节：任何一个细节被忽略，都会破坏一锅汤 / 156

第六章　商业计划书的其他用途 / 161
　　一、出售业务：这是一个双赢的商业之举 / 161
　　二、提升业绩：为项目提供思路，为公司提供规划 / 170
　　三、IPO 上市：商业计划书是上市募投的敲门砖 / 176

第七章　商业计划书的投递 / 188
　　一、如何投递商业计划书？/ 188
　　二、投递之后一直没有反馈该怎么办？/ 195
　　三、别随便投递商业计划书，咱的眼光也得挑剔一点 / 199

第一章

认识商业计划书

一、什么是商业计划书？

下面先给大家介绍一些新闻事件。

2015年9月,母婴电商"蜜芽宝贝"对外宣布,公司完成D轮25.13亿元人民币融资。

2016年4月,大数据领域"碳云智能"完成A轮10亿元人民币融资。

2017年2月,在线视频网站"爱奇艺"获得15.3亿美元的战略投资。

2018年6月,农村电商平台"汇通达"完成45亿元人民币的融资。

以上新闻全部是在讲企业融资的事情,融资的重要性不言而喻。无论是刚刚起步的小企业,还是经过多年成长的大企业,融资都是公司发展的重要手段。

企业在融资之前,必须先制作一份商业计划书,并将其递交到投资人手中。商业计划书,简称BP,是英文Business Plan的缩写。商业计划书就是企业根据一定的格式和要求制作出来的书面材料,材料中要全面展示企业或项目的状况,以及企业或项目的发展潜力,其目的就是完成融资。

1. 你要先明白,商业计划书到底该给谁看?

近些年来,随着国家政策的扶持,越来越多的年轻人选择了创业这条道路。

当创业者做出创业决定并且给企业设立目标后，就会思考应该如何将自己的想法转换为商业价值，从而获得投资。这时候，商业计划书就可发挥不可或缺的作用。对于创业者来说，能否获得投资是创业是否能够实现的重要手段，而通过制作一份高质量的商业计划书往往可以帮助企业获得投资。

当然，除了创业者以外，商业巨头同样需要商业计划书来进行融资，以此扩大企业规模或者拓宽发展方向。但因为商业巨头的发展势头较为良好，发展程度也比较成熟，在市场上往往占据了重要地位，因此商业巨头必然要比初创企业更容易获得投资者的青睐。

但是可以肯定的是，一个企业无论是在初创阶段还是成熟阶段，都需要提交一份优质的商业计划书，以此获得融资并发展。在制作商业计划书之前，企业首先要厘清，其制作的商业计划书到底是给谁看的呢？

估计有不少人都会认为，商业计划书当然是给投资人看的，这固然是没有错的，但答案并不完整。如果从员工的角度出发，那么需要面向的对象首先就是自己，其次是企业管理者，最后才是投资人；如果是以一家企业的身份发布商业计划书，面向对象除了投资人以外，还有政府部门、项目合伙人，如图1-1所示。

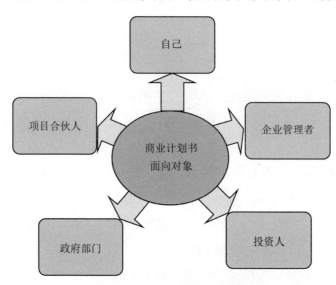

图1-1　商业计划书面向的对象

员工作为商业计划书的制作者，自己首先就要了解计划书中的产品或者项目的全部情况，包括行业排名、发展潜力等。其次要把产品或者项目与同行类似的产品或项目相比较，明确产品或项目的优势，并将其记录下来。最后再完善计划书的其他内容，并且进行审核。审核过后，当员工自己都认为非常满意的时候，才能将商业计划书交给上司，并有可能获得上司的肯定。

商业计划书上交之后，它就会落在企业管理者的手中，也就是商业计划书的第二个面向对象。企业管理者无论从经验还是其他方面，都要比员工更成熟，他们往往能注意到被员工忽略的细节、技巧等。因此，员工要根据企业管理者的意见做出改进，不断完善商业计划书。

当商业计划书代表企业时，又要分别面向不一样的主体，比如融资的主要对象——投资者。投资者在面对一个产品或项目时，更加关心的是这个产品或者项目有多大的风险，或是能够给自己带来多大的利益。因此，面向投资者所制作的商业计划书，一定要极力突出企业产品或者项目的优点，并展示出其发展潜力，引起投资者的兴趣。

除了投资者以外，政府部门也同样是商业计划书要面向的主体。如今政府所支持的项目越来越多，企业表现优异的话，同样有机会获得政府的投资。如果企业要面向政府部门，那么就要对政府目前的工作重点做出具体分析，找出企业的产品或项目在哪一方面更容易获得政府的青睐。比如，如今很多地方政府都在倡导环保事业，如果企业的产品或者项目正好可以对环保做出重大贡献，那么企业的商业计划书中就应该针对这个问题进行详细说明，从而增加获得投资的概率。

项目合伙人与企业在某种程度上可以说是同一条船上的人，因此企业的产品或者项目必须与他们的期望达成一致。建立在这个基础上，商业计划书就像是一种书面沟通，才能说服项目合伙人一起将企业发展起来。

总而言之，在制作商业计划书之前，制作者应该分清面向的对象，并针对这些人群写出专业的商业计划书，从而更容易达到对方的预想，促使融资能够顺利进行。

2.我们制作商业计划书的目的是什么？

根据材料显示，美国是商业计划书最早诞生的国家。在当时，私人投资者和风险投资家投资企业的一个重要依据就是商业计划书。这些投资方会通过优秀的商业计划书肯定企业的发展状况，并对其进行投资，从而成为企业合伙人。随着时代的发展，制作商业计划书已经成为企业发展不可或缺的重要程序，而商业计划书也根据不同的主体能够发挥不同的作用。

对于部分初创公司来说，企业需要通过商业计划书寻求外部融资。商业计划书可以有效地将创业者的创意表达出来，并据此获得转化为实际内容的市场机会，达到将创意转化为现实的目的。

对于基础稳定并不断扩大规模的企业来说，商业计划书更像是助推器，推动企业达到快速发展的目的。比如说通过商业计划书可以整理企业相关资料，在企业内部做出发展规划。

由此可见，制作商业计划书对于任何企业来说都具有十分重要的作用。一般来说，企业通过制作商业计划书，主要为了达成以下三个目的。

1）企业通过商业计划书进行自我评价

在撰写商业计划书的过程中，企业内部的部分信息，如发展优势与劣势、机遇与威胁等，都需要录入商业计划书中并做出详细解析，从而对企业的发展做出预测。为了更好地剖析这些情况，企业要在内部展开充分的调查。因此，商业计划书有助于创业者从各个方面梳理企业内部的基本情况，全面了解企业的发展概况，对企业的发展阶段可以进行一个有效的自我评价。

2）企业项目通过商业计划书争取资源

就像文中提到的，商业计划书撰写完成后，主要面向政府部门、投资人、项目合作伙伴这三类人群。商业计划书的本质就是企业与这三类人群的有效沟通工具，一份优秀的商业计划书有助于这三类人群更快、更好地了解企业项目，加快企业获得融资的脚步。因此，商业计划书是企业获取融资的敲门砖，可以达到帮助企业争取更多资源的目的。

对于这三类投资者而言，商业计划书可以提高工作效率，并辅助其筛选优秀的企业。有一些企业并不愿意向投资者提供商业计划书，认为与投资者直接进行面谈才是最有效的获得融资的方式。然而，鉴于"僧多粥少"的情况，投资者无法与每一家企业都进行面对面交谈，否则工作效率将会大大降低，而商业计划书就是投资者提高工作效率的有效方式之一。

通过有分量的商业计划书，投资者可以迅速判断企业的发展状况，并做出投资决定。商业计划书的分量取决于其质量与专业性，是投资者决定投资的重要因素。

因此，企业制作一份有分量的商业计划书，更容易获得投资者的青睐，从而可以争取到更多的资源。

众所周知，黄太吉是一家中式快餐连锁食品企业，该企业获得2亿元人民币的A轮融资，可以说是融资中的一个传奇。而在这次融资中，黄太吉的商业计划书功不可没。黄太吉的商业计划书页数并不多，但每一页都漂漂亮亮地展示出了投资者所需要知道的内容。投资者通过黄太吉的商业计划书可以了解黄太吉的市场概况、目标客户、规划情况等内容，从而肯定了黄太吉的市场地位与发展前景，最后决定对其进行投资。

3）评价企业项目后续的执行情况

企业项目在获得融资后，其后续的运营也需要商业计划书的监督与约束。商业计划书中的内容有助于企业监督项目的执行能力，并为项目最终的经营效果提供一定的参考依据。

总而言之，制作一份商业计划书，已经成为每一个企业达到融资与发展目的的必备因素。然而，商业计划书想要达到以上目的并不简单。比如说企业想通过商业计划书达到融资的目的，但融资不是简单的吃饭，随随便便就可以完成的。在这个世界上，想要获得融资的企业远比投资者要多得多，因此，企业要想获得融资，就需要跨越融资的高门槛。追根溯底，企业还是要学会如何制作一份优秀的商业计划书，才能达到最终目的。

3.有了框架，写出丰富完整的商业计划书很容易

很多企业的员工在制作商业计划书时，第一时间就是打开PPT，边做边想要添加什么内容、排版成什么样子。事实上这种做法效率并不高，非常浪费时间。要知道，制作一份优质的商业计划书，在前期构思、准备内容等工作上差不多就花费了70%的时间。但是，如果企业有了一个基本的框架，那么想要制作出一份丰富完整的商业计划书就不是什么难事了。

在明确商业计划书的目的以及受众后，企业就可以构思商业计划书的整体框架。商业计划书的框架其实就是把"项目值得投资"这个重点凸显出来，让投资者在翻阅商业计划书时能够立刻看到亮点。一般情况下，商业计划书的框架可按照以下内容来设计。

第一章：企业的基本情况和发展战略

1. 企业情况概述

2. 企业创始人简介

3. 企业发展战略

第二章：产品（项目）及市场分析

1. 产品（项目）介绍

2. 市场情况分析

3. 市场定位

第三章：营销策略

1. 定价策略

2. 推广方式

3. 营销手段

第四章：企业的财务

1. 企业历史财务状况

2. 企业目前财务状况

3. 企业预期财务状况

第五章：融资计划

第六章：退出机制

然而，企业在发展的不同阶段所需要展现出来的重点内容也不一样，框架也应该随着企业的发展阶段不同而做出调整。下面给大家介绍一下企业在不同的融资阶段所需要体现出来的框架重点。

（1）种子轮、天使轮：在种子轮和天使轮这两个阶段中，投资者主要还是想了解企业的业务模式以及创业团队，如果二者表现出色并且较为靠谱，那么投资者一般都会比较看好。这时，企业应该主要向投资者展现企业优秀的产品或项目，以及该企业团队的最高水平。因此，这一阶段的企业在框架中应该重点突出企业市场分析能力、产品或项目介绍以及重要团队。

（2）A轮：处于这一阶段的企业，其商业计划书已经不能仅靠好想法来取胜了，而是应该把框架重点放在产品或项目的发展潜力上，也就是用详细的数据和可实现的发展计划来赢取投资者的信任。因此，需要实现 A 轮融资的企业，其商业计划书应该通过各方面的数据证明产品或项目的发展潜力，并详细叙述其发展模式。

（3）B 轮：如果企业要进行 B 轮融资，基本上都是因为业务急需拓展，或是要在新领域开辟市场，需要大量资金才能实现。因此，想要说服投资者，就要加强数据和企业拓展方向两方面，用实力赢得投资者的青睐。在 B 轮甚至以上的融资行为，都需要在商业计划书的框架中着重表现三个方面：一是展现实力的数据；二是展现产品或项目的创新性；三是把产品或项目放在同类业务中相比较，展现出其优势。

但是，在面对不同的投资者时，框架又可以稍微做出调整。有的投资者喜欢先了解企业团队的情况，因此应该把团队情况放在前面；有的投资者认为，团队只是投资内容的一小部分，放在后面也无妨。因此，在制作商业计划书的框架时，可先确认投资者的偏好再做决定。

了解投资者偏好的途径有很多，像红杉资本、创新工场等投资机构，它们会在机构的官网中给出对商业计划书的要求，企业按照要求制作一般都不会出错；而有的投资者，比如周鸿祎、经纬张颖等，会通过公开演讲、微博、微信公众号等渠道发布自己对于商业计划书的投资喜好，如图 1-2 所示。

图 1-2　投资者公布的对商业计划书的要求

值得注意的是，虽然商业计划书的框架没有十分固定的顺序，但有些内容还是要按照逻辑顺序来排序的，比如，某产品的功能特点应该放在市场痛点后面，或是某项目当前的市场概况后面,那么企业就要分析市场的体量,从而得知该项目的发展空间等。而为了支撑市场概况的论点,企业需要在一些权威性的数据机构中获得数据才能证明。

4.合格的商业计划书,这八大元素一个都不能少

随着时代的发展,商业计划书也需要不断地完善。但是商业计划书的形式即使再多,一份合格的商业计划书还是要包含八个重要元素的,如图1-3所示。

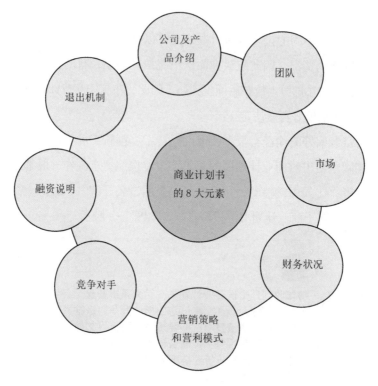

图1-3 商业计划书八大元素

1)公司及产品介绍

就像求职者去面试一样,企业首先需要对投资者做一个自我介绍,说明企业的业务方向,以及计划涉及哪些业务,让投资者能够及时了解企业的基本信息。接下来企业可以介绍自己的产品,通过介绍产品给投资者留下好印象。在介绍产品的时候,企业要简洁明了地将产品特色表达出来,特别是产品的优势,应该将产品的核心竞争力及时展现出来。比如,某一家企业的业务方向是生产工厂机器,

主要追求产品的高效性与便捷性。然而在商业计划书的介绍中,他们却介绍了机器的环保问题,最后结果恐怕不会太理想。注意,在介绍过程中,企业切忌说空话,应该实事求是讲出事实。

当然,企业将产品介绍完毕后,还可以展现产品项目的进程,目前进行到什么阶段;还可以向投资者展示该项目的发展前景,这样才有可能成功地吸引投资者。

2)团队

团队是投资项目的重要元素,如果说团队零散、整体素质不高,那么哪怕是再好的项目,投资者也会认为该团队支撑不起该项目,从而选择放弃。

在介绍团队的时候,企业只需把核心人物介绍出来即可,因为这才是投资者比较看重的地方。核心人物一般选择3~5个,介绍顺序由职位高低来决定。企业介绍团队内容一般包括履历、股份情况等,让投资者能够获得比较关心的内容。

3)市场

有些企业在介绍产品情况时,往往会夸大产品在市场中的比例。然而,投资者都是十分专业并且精明的人,他们可以迅速判断介绍的真假。因此,企业在介绍市场规模以及产品在市场中的比例时,应该客观地表达出来。

在介绍市场状况时,企业还可以介绍客户需求,将其与市场状况结合起来。比如,某企业主营生鲜产品,如今市场客户基本上都要求"绿色无污染,味道纯天然",而这家企业可以突出自己的优势,将其"性价比最高的生鲜产品"的特点表现出来。

4)财务状况

财务状况是投资者量化企业未来价值的重要的参考依据。一般情况下,企业应该在商业计划书中介绍五年之内对于财务的预测。企业介绍财务状况时,资产流动性、收益预测以及资产负债表预测都是需要着重介绍的内容。当然,介绍起来也会有一些小技巧。比如介绍资产流动性,流动性预测在越近的时间内,所要预测的内容就要越具体,时间越远就要越粗略。财务状况必须要以专业的形式出现在投资者面前,因此企业最好向专业的会计师或者财务人员请教制作方法。

5)营销策略和营利模式

将产品销售出去是企业生产产品的目的,同时也是一件非常挑战企业能力的事情。因此,在制作商业计划书时,企业可以将营销策略中的主要消费人群、营销渠道、价格制定等内容加入其中。营销就是为了赢利，因此在介绍营销的环节中，企业还要将营利模式加到商业计划书中。投资者普遍对有明确营利模式的项目感兴趣，如果企业在短期内无法实现赢利，也要对未来的赢利情况做出综合考量，并判断出赢利趋势。如果投资者在商业计划书中看到企业短期无法赢利，又不能确定何时赢利的话，那么投资者是不会考虑投资该企业的。

6）竞争对手

竞争对手必然是投资者最想看到的内容之一，毕竟每个人都想花费时间与金钱在最具竞争力的事情上，这样一来，赢利的概率就会比较大。因此，企业要把竞争对手及其实力、在竞争过程中企业自身的优势等内容都展现出来。当然，企业主要展示的还是通过与竞争对手相比较后所占有的优势，并阐述为何能够在竞争中取胜。

7）融资说明

这个项目需要多少钱？这些钱的用途都是什么？这无疑也是投资者比较关心的内容。如果一个好的项目狮子大开口要50亿元，但是又说不出个所以然来，恐怕投资者是不会认可企业的融资需求的。只有当企业将资金用途阐述清楚，并且按照实际需求制定融资目标，让投资者明白钱都是花在刀刃上的，投资者才会慎重考虑企业的需求。因此，在商业计划书中，企业应该说明融资金额、出让多少股份、资金用途等内容。通常来说，融资金额一般都是满足一年半左右的资金量。

8）退出机制

无论是企业还是项目，都会有起有落，因此，大多数投资者不会长期占据企业股份，在获取相应利益后，也会适当选择抽身。而当投资者想要抽身时，在股票上市、出售企业还是买回这三种形式中可以选择哪一种，这也是企业在商业计划书中应该说明的问题。

以上八个因素就是一份合格的商业计划书的必备要素，在这个基础上，如果在一些细节上加以润色，想必书写一份优秀的商业计划书也是轻而易举的事。

5. 写出这样的商业计划书，投资人肯定不理你

有的企业管理者在电梯、饭局或其他场所遇到投资人，通过短暂的交流后，投资人认为这个人还可以，于是主动提出把商业计划书发过去给其审核。然而，

当商业计划书发过去后，却像石沉大海，没有半点回音。

有的企业管理者甚至会想，当时投资人说的只是客套话吗？然而并不是。投资人日理万机，能够主动提出这个要求，说明你本人已经在他心中留下了一个不错的印象。在这种情况下，一般都是商业计划书出了问题。有的企业在书写商业计划书的过程中，错误连连，让投资者大失所望。因此，企业应该好好注意一下，自己在商业计划书中犯了哪些错误，才让投资人对你的项目选择视而不见呢？

一份合格的商业计划书，能够让投资人对企业刮目相看；然而一份质量太差的商业计划书，也会消磨掉投资人对企业的好印象。下面给大家总结一下，在经营、市场、产品、财务四大重要板块中，企业在制作商业计划书时最常犯的错误。

（1）在企业经营上，商业计划书最忌出现以下状况。

①没有介绍强而有力的核心团队。

②过于乐观地看待产品的前景，对于经营所产生的困难或者风险预知不足。

③没有仔细介绍营销方案，甚至忽略不提。

④只注重技术的精湛或产品的创意，却没有很好地介绍执行方案。

⑤没有认真介绍如何实现经营目标。

（2）在介绍市场状况时，商业计划书不能这样写。

①夸大市场份额和市场容量。

②没有让投资者正确认识到市场规模。

③介绍时，要么把客户介绍得过于单一，让投资者产生抗风险能力不足的印象；要么将客户群体夸大，过多过杂，投资者会认为专注度不足。

④在商业计划书中表明没有竞争对手，或是低估对手的实力，投资者会认为企业没有正确认识竞争的威胁。

⑤描述竞争对手时，没有给出具体的资料和详细的数据。

（3）给投资者介绍企业产品时，以下两种行为是错误的。

①夸大产品性能。

②介绍大量产品，让投资者认为泛而不精。

（4）在商业计划书的财务方面，不应该出现以下这些问题。

①对企业过分自信，却没有相关依据，比如，初创企业坚定地认为企业会在两年内上市。

②资金使用方向描述不合理、模糊表述甚至是不表述。

③营利模式表达不明确。

④财务数据有误。

另外，如果商业计划书中语言描述混乱，没有逻辑，过于简练或者废话太多，同样会让投资者感到不专业，在一定程度上降低好感。当然，计划目标不明确、过于强调单一战略合作伙伴的重要性等，都会让投资者感觉投资风险较大，故而选择视而不见。

6.案例：周鸿祎分享创业想法，谈及商业计划书玩法

周鸿祎是谁恐怕不用多作介绍了，他曾在《搜狐IT博客训练营》第二期时发表演讲。在接近两个小时的演讲过程中，周鸿祎向近100名听众讲述了自己的创业心得、经验教训等。最后，周鸿祎还在现场与大家分享了被称为"周鸿祎版"商业计划书的精彩玩法，给众多创业人士提供了一条学习之道。

周鸿祎在分享中提到，他在看商业计划书时，表达方式见过诗歌体的、小说体的，甚至是一上来就大谈中国互联网革命形势的，既没有好好证明自己是一个优秀的创业者，同时还会让投资者感到头疼，根本不能打动投资者。其实一份好的商业计划书应该是在脑海中厘清思路，将思路厘清了，表达就清楚了，一句多余的话都不会有。周鸿祎表示，厘清思路，其实大概制作十页左右的PPT就足够了。

第一页，主要可以讲述市场机会，提出市场痛点。投资者们基本上每天都会阅读新闻热点，了解行业报告，对于市场情况基本上会有一个了解。因此，企业一上来就应该开门见山，讲述目前市场存在什么样的问题，从中可以获取什么样的机会，而不是去给投资者论证市场有多大，毕竟投资者都比较聪明。

第二页就可以针对痛点制定出解决方案，告诉投资者企业会怎么做，重要的是，千万不要说空话，而是要制定出实打实的方案，像"三年超越新浪"之类的话，都是虚的。在此需要给企业提出建议，解决方案必须要实在而有效。专业的投资者往往都会从产品用户的角度出发，思考用户到底需要什么。因此，企业制定的方案越实在，投资者就会认为项目的可行性越大，其价值也因而提升上去了。

第三页需要讲的内容就是产品的用户群，究竟是学生还是白领？老人还是幼儿？可能有的企业会说："我的想法非常好，在十年后全球都会用上我的产品。"

哪怕想法再好，投资者都会觉得那只是一个想法，至少在现阶段还是无法实现的。因此，企业最初还是要聚焦用户群的精准定位，投资者会觉得相对靠谱一些。

第四页通过预测和估计，详谈企业认为产品或者项目将会迎来多大的市场。到了第四页，企业已经将自己要做的事都讲得比较清楚了。

第五页当然就是竞争对手，将竞争对手在做什么、做得如何都展示出来。不要害怕说竞争对手比你强，实话实说即可。企业千万不要觉得就自己有眼光，没有竞争对手，投资者只会认为企业狂妄自大或是井底之蛙。

第六页和第七页需要重点讲述企业的核心竞争力，很多企业都在这一点上做得不够好。网络游戏大家都知道，也知道市场很大，目前十分火爆。如果某家企业说它要做网游，那么这家企业就要仔细想想，做网络游戏产业的有盛大、网易等，应该如何向投资者展现自己的独特之处呢？核心竞争力哪怕只有一点，但只要证明企业做到了别人还没有做到的阶段，那么企业就有机会获得融资。周鸿祎还提到，核心竞争力并不一定就是技术、营销手段、推广模式等，只要是独特的有成效的，都可以展现出来。

第八页就是向投资者介绍企业的融资计划：打算融资多少钱？在未来的一年中，这些钱的用途是什么？当然，用途只要把关键的要素列出来就够了，像买多少台电脑、订几份盒饭这种琐碎的事完全可以忽略不计。

第九页主要写商业模式，商业模式中最重要的内容当然是营利模式。然而，对于不少初创企业来说，融资初期是不知道要怎么赢利的。因此，如果企业确切地知道自己的营利模式，那么可以写，写详细一些；但如果不知道，那就索性不要写。投资者问起来，企业可以如实回答："早期阶段我们还不知道该如何赢利，现在只想先把产品做好，把客户数量做上去，我相信你们会给我一些好建议的。"如果企业的核心竞争力足够强大，想必投资者也会慎重考虑这个问题的。

最后一页就是介绍企业的核心团队，将重要的人物做一个简单的介绍，但切忌写一些溢美之词，这些话不能给投资者带来什么有用的信息。

周鸿祎从一个默默无闻的程序员到众所周知的企业领导，如今估值 4000 亿元的 360 公司就是他最好的成长证明。他在这次演讲中所提到的商业计划书玩法，基本上都是不可或缺的重要内容，对广大创业者来说具有重要的借鉴意义。

二、别对商业计划书有误解

对于很多不够了解商业计划书的人来说,商业计划书是一种奇怪的存在:它要在露天场合演出,并且只能用来融资,只要好好计划它,就可以完成所有的融资计划……除此之外,人们对于商业计划书的误解远远要比我们想象中的多,并且因为这些误解造成了不少严重的后果。本节我们主要来分析一下人们对商业计划书都有哪些常见的误解,我们又该如何消除这些误会呢?

1. 路演为商场外面的露天演出

张先生30多岁,年轻有为,在公司上班时为公司创造了不少价值。后来打算从公司离职,并且自行创业,然而在资金方面仍有困难。此时,张先生的旧友给出建议,让张先生通过路演来进行融资,以张先生的才干,获得投资者支持的概率很大。

张先生感到很疑惑,路演路演,不就是在商场外面进行露天演出、宣讲?这能够起到什么作用呢?

一些对于商业计划书不太了解的人,经常会把路演和商场外面的露天演出混为一谈,认为这是同种类型的活动。甚至有的企业因为概念混淆了,认为路演就是在商场外面进行露天表演,面子上多多少少有些过意不去。然而,路演与露天演出根本就是两回事。虽然说二者都是在公众场合举办,而路演也可以说是露天演出的一部分,但细细说来,它们在很多方面还是有明显区别的,具体表现有五点,如图1-4所示。

1)目的不同

露天演出通过现场演示,引起目标人群的注意,其主要目的是通过宣传进行销售,从而赢利。而路演是通过商业计划书进行演说和演示,找到经销商才是企业路演的主要目的。

2)目标人群不同

由于演出目的不一样,目标人群也会有所变化。露天演出销售量越多越好,销售单价可大可小,因此面向的都是广大消费者。路演主要是为了招商,从而获得投资,因此目标人群都是专业的投资机构、投资者等,目的是通过这种活动获得大额资金以谋求发展。

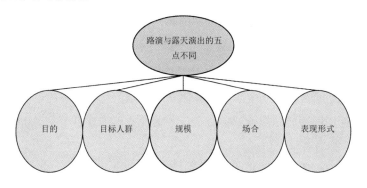

图1-4　路演与露天演出的五点不同

3）规模不同

露天演出包括很多种类型,规模同样会根据演出类型有所调整,大型规模如明星演唱会,小型规模如街头卖艺。而路演主要是企业代表通过演讲解说让投资者了解自己的产品,因此在一般情况下,其规模都是由8~10个企业项目以及8~10个投资者组成,从而确保企业能够充分展示自己的商业计划书,让投资者能够与企业进行深度交流。

4）场合不同

露天演出,顾名思义,就是在露天的公众场合进行演出,可在商场外,可在车站旁。而路演的展示场合既可在室内,又可在室外,不少地方还专门设计了做展示的路演厅。

5）表现形式不同

露天表演的性质决定了其只能在现场完成演出,而路演则可分为线上与线下。线上路演主要是通过在线视频、互联网社群交流等方式对产品或项目进行展示,既方便又快捷;而线下路演就是常见的在活动专场内与投资者进行面对面交流,从而对产品或项目进行充分展示。

综上所述,商场的露天表演与路演的差别还是挺大的。通过介绍这些差别,希望大家可以充分认识这二者之间的不同之处,并根据它们之间不同的性质,正确选择自己的表达方式。

2. 商业计划书只用来融资

李先生是一家互联网公司的创始人,他的公司有一个新项目的开发需要大量资金,于是其团队花费了整整两个星期的时间,为的就是制作一份完美的商业计划书。然而,由于项目创意不足等原因,最后并没有获得投资。

李先生的助理看着花费大量精力制作的商业计划书,内心感到有一些失落,准备将其销毁。李先生看到了这一幕,阻止了助理的行为,并说这份商业计划书留着还有用途。助理感到很疑惑:商业计划书的作用不就是用来融资吗?现在融资没有成功,还有什么作用呢?

商业计划书集企业资产、运营于一身,充分体现出企业产品或项目的投资价值。也正因为如此,有许多人对商业计划书的认识都只是片面的,这些人认为:商业计划书的作用仅仅是用来融资,如果没有达到融资的目的,那与废纸无异。这种观点明显不正确。商业计划书是国际通用的重要文件,其商业价值不可小觑,除了融资外仍然大有作为,如图1-5所示。

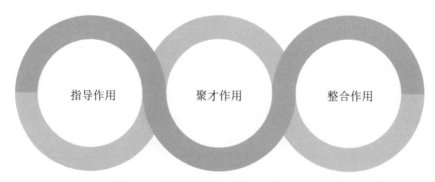

图1-5　商业计划书除了融资以外的三点作用

1)指导作用

对于初创企业来说,商业计划书是其在创业过程中的战略设计,对于企业的创业实践具有重要的指导作用。与那些没有真正进行战略思考而制定的方案比较,商业计划书的可操作性更强、更有效。

除此之外,商业计划书在递交给投资者后,有的投资者会给出反馈,企业也知道应该在哪里做出改进,方便其更好地做决策。在案例中,大家可以看到李先生公司失败的原因是项目创意不足,根据这一反馈,李先生的团队可在原有的基础上做出相应的改进。

2）聚才作用

一个企业想要获得发展，人才是必不可缺的。除了人才，还有合作伙伴等，而商业计划书同样也可以起到聚才的作用。企业通过商业计划书可以给人才提供可靠的信息，让人才通过这些信息了解企业的状态，最后将其吸引过来。

3）整合作用

大家都知道，企业在运作过程中，很多信息都是凌乱且分散的，工作内容之间互不相通。而通过制作商业计划书，可以将企业内部的重要信息搜集起来，厘清企业思路；同时还会调研外部资料，并将其完善起来。通过内外交接，可以将有利于企业的各种资源都有序地整合起来，并且组成最佳要素，提高企业经济效益。

"一份好的商业计划书虽然不能确保你一定会成功，却一定可以帮你减少失误。"在安永的《商业计划书指引》中，他这样形容道。商业计划书是企业对其发展思路的重要宣示，从中可以展示企业的发展路径，商业计划书中体现的竞争对手、行业信息、财务状况等，都能给企业带来很多帮助。因此，商业计划书不仅仅可以用来融资，对企业来说在其他方面仍然起着非常重要的作用。

3. 一份商业计划书就能搞定所有事

有的企业在制作商业计划书时非常认真，同时也获得了投资者的认可，最后却没有获得投资，这究竟是什么原因呢？众所周知，商业计划书是企业获得投资的敲门砖，然而，它的作用也仅仅是敲门砖。敲开门以后，还有很多重要的事情等着企业去做。一份商业计划书，并不能帮助企业完成所有的事。

先给大家举一个现实中常见的事例：在现实生活中，想必大多数人都会接到推销的电话，有办信用卡的，有卖原始股的。这些电话里的人通过千奇百怪的方式来进行推销，他们各施所长就是为了说服你去购买他们的产品。

然而，站在推销人员的角度来看，他们清楚地知道，他们是不能通过这个电话就可以轻易达到最终目的的。但是，销售人员通过拨打电话，可以从中挑选出意向客户，然后才会进行下一步的销售工作，最终达到目的。比如说该电话是推销原始股的，他们在接下来有可能会邀请你去某个地方听讲解会，又或许是索要地址从而给你邮寄资料等，直到最后签约交易。

制作、投递商业计划书，某种程度上和电话销售类似，二者都是筛选线索、打动目标客户的行为。

对于投资者来说，他们的投资行为过程首先是与投资经理、投资合伙人等人进行多次交流之后，再通过投资意向书进行交流，并且做出充分调查，还要获得投资决策会的同意，才能进行再次谈判，并且拟定以及签署投资协议，最后进行工商变更并打款。投资过程中的任何一个行为出现差错，那么对企业的投资行为也就中止了。细看这些投资过程，大家就会知道，商业计划书除了在第一个环节出现过，在后面的环节中基本都不会再参与进来。

有人认为有了商业计划书就可以搞定一切，于是花费时间、精力在制作商业计划书上，对于其他的融资过程却丝毫不重视，最后导致融资失败。因此，大家要走出商业计划书可以搞定一切的误区，它不是"万金油"，能够把所有问题都解决，企业在其他方面仍需努力。

4.投资人所想的都在我掌握之中

看到这里，大家都知道商业计划书主要面对的人就是投资人，最终目的就是通过商业计划书打动投资人，从而获得投资。因此，了解投资人所想是企业需要重点思考的问题。

古人云："知己知彼，百战不殆。"这句话固然没错，然而，有的人对自己盲目自信，认为他绝对能把握投资人的想法，最后却被拒绝。下面我们来看一则失败的商业计划书案例。

A企业的负责人罗先生是从名校毕业的青年才俊，毕业后凭借自己优秀的才干和优渥的资源，迅速创立了一家互联网+公司。罗先生的企业逐渐壮大，发展的项目也在不断增加。为了让A公司能够得到更好的发展，罗先生决定通过转让公司的部分股权从而获得融资。

在制作商业计划书之前，罗先生制定了融资目标，并且选择了合适的投资人。此时，罗先生的下属看到罗先生所选择的投资人，建议罗先生在了解过这些投资人的习性后，再根据其习性制作可行的商业计划书。

然而，罗先生认为，投资人看的就是项目是否优秀，只要项目足够优秀，一切都不是问题。罗先生对自己的项目非常自信，认为投资人没有理由放过这么优秀的机会。

　　罗先生的融资之旅很快就开始了，然而投出去的商业计划书却像石沉大海，杳无音信。原来，罗先生只顾着大肆宣扬自己的项目，却忽视了投资人的真正想法。有的投资人喜欢对未来进行长远的思考，而罗先生的商业计划书中只说明了该项目在多短的时间内会回本；有的投资人喜欢多了解一些公司的情况，而罗先生的商业计划书却直奔主题，并没有过多地描述公司状况……

　　罗先生在进行 A 轮融资时，屡战屡败。事实上，罗先生的项目并不见得不优秀，只是罗先生过分自信，认为自己可以左右投资人的想法，没有事先做好充分的准备，让投资人在充分了解公司项目之前就否决了这份商业计划书。

　　通过罗先生的案例我们可以知道，投资人并不像自己想象中那么简单，他们最主要的想法当然是从中获益，但是其他的细节同样值得投资人的重视。因此，投资人所想所要的，企业要去了解，而不是盲目自信前去左右，认为投资人想什么自己全都知道。

5. 纸上谈兵，焉能成大事？

　　"一群文人，焉能成大事？一纸策划，岂能更改历史？"这句话的认识其实是非常片面的，然而仍然得到了很多人的认同，不少人对商业计划书也有这样的刻板印象。

　　网络上有不少关于商业计划书的学习文章，累计起来千千万万。然而，在这众多文章中，想必会有人认为商业计划书都是企业家坐而论道，纸上谈兵，缺乏实践、无依无据，并不能够成就大事。其实，纸上谈兵恰恰是能成大事的开始。

　　赵括的案例成了今天的笑谈，"纸上谈兵"也因而成了一个贬义词。其实，很多人不知道的是，从来没有经过实践就去打仗的人同样可以成功，比如诸葛亮、陆逊等。实践固然重要，但思路纲领更不能忽视，否则凡事都要亲身实践过，那么恐怕等到猴年马月，商业计划书也未必能够成功制定。

　　有的人认为商业计划书只是一纸空谈，根本无法让投资者信服。如果一份商业计划书只是由终日坐在电脑旁的普通工作人员所撰写的，内容泛泛，自然不会引起投资者的关注。但如果商业计划书中的内容真实地描述了企业的面貌，并且通过充分的数据调查证明其内容的真实性，那么，其结果就会截然不同。

"道不论不明，兵不谈不知。"纸上谈兵是一种有效的探讨方式，只要能够正确使用，就能发挥其应有的作用。商业计划书是投资者充分认识企业的最佳途径，通过商业计划书，投资者可以快速了解企业状况，并据此做出相应的决定。

不少人认为商业计划书只是企业家在纸上谈兵，全凭口才了得，但是并没有实际效果。然而，商业计划书中写出来的是企业发展的重要纲领，同时也是企业以后的行动指南。没有商业计划书，企业的行动就没有纲领，如何去建章立制？商业计划书就像是羊群中的领头羊，有了商业计划书，企业才能顺藤摸瓜，故而站高望远，对企业发展的内容做出相应的决策。

三、商业计划书对创业的作用

商业计划书的主要写作目的就是让投资者快速了解企业的产品或者项目，并对其说明企业的产品或项目可以创造怎样的价值，以及对方能从中获得的利益。除此之外，通过撰写商业计划书，创业者或者企业负责人可以梳理项目脉络，从而提高对项目的认识和理解。

1. 项目自省，厘清创业的思路

随着高校人才教育的不断发展，近几年来，大学生一年比一年多，就业形势日趋严峻，越来越多的大学生开始选择创业的道路。对于大学生创业，国家给予高度支持，因此也有不少大学生经过国家的扶持脱颖而出。但与此同时，仍有部分创业者因为经验、能力的不足，不知从何入手。而本小节所介绍的商业计划书的作用，就是可以对企业项目进行自省，从而得以厘清创业的思路，成为众多创业者的重要指南针。

很多人都觉得商业计划书只能用来融资，这是片面的想法。创业者在编写商业计划书的时候，有的是标志着企业融资工作的开始，而对于创业者本身来说，更适合用于帮自己厘清创业思路。当思路厘清之后，才有机会将企业的状况讲述给投资者。

硅谷著名的创业家盖伊·卡维萨基，他同时也是一位著名的风险投资者，对于商业计划书，他曾经写道："一旦他们将商业计划写到纸上，那些希望改变世界的天真想法就会变得实实在在且冲突不断。因此，文件本身的重要性远不如形成这个文件的过程。即使你并不试图去集资，你也应当准备一份商业计划书。"

商业计划书可以作为企业的行动规划，就像是提前准备好的地图或者导航，通过它的指导，创业之路将会变得安全和顺利一些。在编写商业计划书的过程中，企业可以发现许多原来没有考虑到的问题，并将这些问题补充、修正或完善。虽然创业过程中所执行的情况很有可能与最初计划有所不同，但是经过深思熟虑的商业计划书的指导，企业得以厘清创业思路，其创业成功的概率会增加很多。

商业计划书让创业者对于企业内部能够有一个更清晰的认识，让这一项目实施起来也会有着更加完善的执行方案。要知道，一个项目无论在创业者脑海中经过多么深思熟虑的规划，毕竟还是不够具体化。通过编写商业计划书，创业者的经营思路不会再是一团乱麻，而是经过系统地考虑创业的各个因素。通过这个过程，创业者不仅会对已有的计划有了更深刻的认识，同时还会对企业创业过程中所要面临的困难和问题都有一个充分的准备，并制定出周到的对应措施。

2. 芝麻开门，敲开投资者大门融到钱

H公司的蓝女士是现在意义上的"女强人"。蓝女士从小成绩优异，曾获得多个奖项，在大学毕业后更是毅然决然地选择了创业这条道路。在创业过程中，蓝女士同样比其他同龄人付出多很多，收获自然而然也比较多。

后来，同是大学同学的李先生也选择了创业这条道路，但在发展资金上犯了难，遂向蓝女士取经。蓝女士听说了李先生的状况后，坦言自己当初的发展资金全凭一纸经过通宵达旦完成的商业计划书才敲开了投资者的大门，从而顺利地获得融资。

李先生感到十分疑惑，商业计划书凭什么有这么大的魅力可以敲开投资者的大门？

商业计划书是以投资者为目标阅读者，并针对他们制作的书面文件，从而说服他们对企业进行投资或合作。在创业这条艰辛的道路上，想要投资者的投资，周详的商业计划书是敲开投资者大门的敲门砖，是必不可少的重要因素。商业计划书的好坏，往往在很大程度上决定着融资的成败。

在某次创业大赛中，主办方提到了如何规划创业之路，其中就提到了商业计划书。对于初创企业来说，创业资金难求，致使他们在首次创业时往往会手足无措。而获取资金的一条重要途径就是通过制作商业计划书，让投资者在商业计划书中了解企业概况，从而判断是否要投资该企业。

需要注意的是，商业计划书的质量能够直接影响投资者对企业的印象，因此，商业计划书要有针对性，而不是盲目投递，更不能剑走偏锋寻找捷径。根据商业计划书的书写要求制作出一份高质量的商业计划书，对于企业来说往往能获得事半功倍的效果。

3. 案例：估值百亿美元的 Airbnb 正是凭借这份商业计划书成功融资天使轮

Airbnb 成立于 2008 年，距今创业已达 10 年，其总部位于美国加州旧金山市。Airbnb 是一个旅行房屋租赁的服务型网站，用户通过电脑端、移动端等使用 Airbnb 可完成在线预订房屋程序。Airbnb 在成立十年间，业务覆盖全球，而在 2017 年 1 月，Airbnb 实现首次盈利。如今 Airbnb 估值超过 300 亿美元，可与希尔顿一争高下。

而在 2016 年，网络上有一份关于 Airbnb 早期的商业计划书四处流传，引起了大众热议。从这份商业计划书中的内容来看，这应该是 Airbnb 在早期天使融资时所制作的商业计划书。这份商业计划书全文只有 14 页 PPT，内容简洁明了，清晰地将 Airbnb 的商业模型、市场痛点及对策都表达出来。正是凭借这次成功的天使轮融资，Airbnb 才有机会发展到如今估值 300 亿美元的大公司。相比之下，如今大部分创业公司的商业计划书动辄数十页甚至上百页，让投资者感到眼花缭乱。

下面我们通过图片看一下 Airbnb 早期的商业计划书是什么样子的，并通过这份商业计划书分析成功的商业计划书应该如何制作，从而发挥其对于创业公司来说的重要作用。

Airbnb 商业计划书的第 1 页主要描述了企业的服务类型，并没有过多的修饰，让投资者一目了然，如图 1-6 所示。

在 Airbnb 商业计划书的第 2、3 页中，它描述了市场当时的痛点并且给出了解决方案，如图 1-7、图 1-8 所示。

同时，Airbnb 在其商业计划书的第 4 页中列出了相关的网站数据，从而验证这一市场的可行性，如图 1-9 所示。

图 1-6　Airbnb 商业计划书的第 1 页

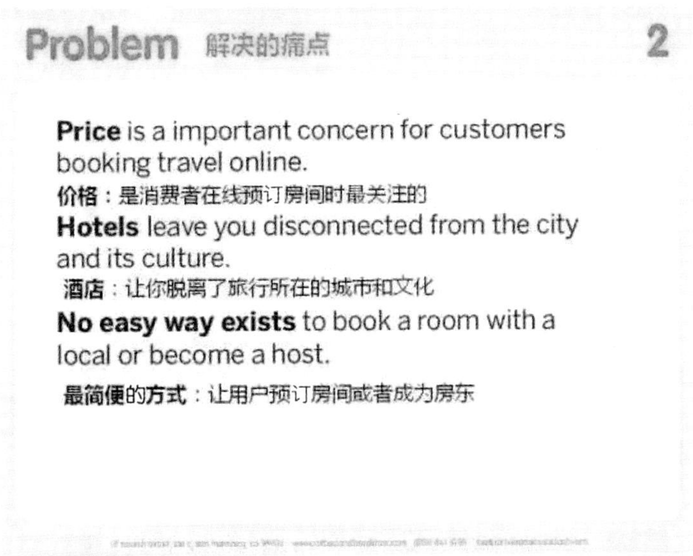

图 1-7　Airbnb 商业计划书的第 2 页

Airbnb 在商业计划书的第 5 页列出了市场规模，如图 1-10 所示。事实上，这个数据低估了市场规模，然而影响不大。

在 Airbnb 商业计划书的第 6 页中，着重介绍了其主要产品，并阐述了操作方法，如图 1-11 所示。

图 1-8　Airbnb 商业计划书的第 3 页

图 1-9　Airbnb 商业计划书的第 4 页

Airbnb 从一开始就为自己制定了清晰的营利模式，因此，第 7 页商业计划书自然是用来介绍其商业模式的，如图 1-12 所示。

在 Airbnb 商业计划书的第 8 页，其通过案例、合作伙伴等方式较为详细地叙述了该公司的推广方式，如图 1-13 所示。

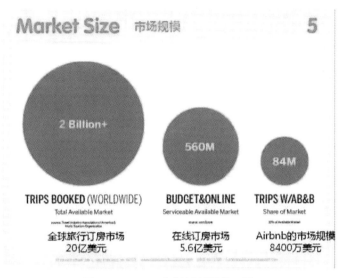

图 1-10　Airbnb 商业计划书的第 5 页

图 1-11　Airbnb 商业计划书的第 6 页

竞争对手是商业计划书中必不可少的内容，Airbnb 将其放在了第 9 页，并分为线上、线下、贵的、便宜的四种形式进行了比较，如图 1-14 所示。

Airbnb 商业计划书的第 10 页是企业的项目优势，也是一个企业制胜的秘密武器，如图 1-15 所示。每个企业的项目优势不怕别人知道，关键还是要看该企业的执行程度。

图 1-12　Airbnb 商业计划书的第 7 页

图 1-13　Airbnb 商业计划书的第 8 页

在 Airbnb 商业计划书的第 11 页中，对其核心团队进行了充分的介绍，展现出其团队分工明确、职能互补的优势，如图 1-16 所示。

在 Airbnb 商业计划书的第 12 页中，展示出其公司目前已经受到了社会各界的关注,从侧面印证了项目的可行性,如图 1-17 所示。

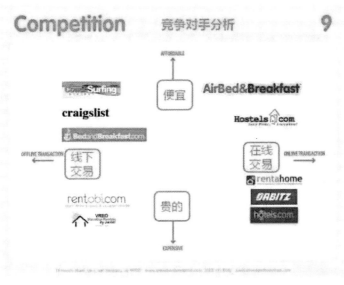

图 1-14　Airbnb 商业计划书的第 9 页

图 1-15　Airbnb 商业计划书的第 10 页

用户体验是一个产品需要着重考虑的问题,用户对产品的认可程度在很大程度上取决于用户体验。因此,Airbnb 在第 13 页的商业计划书中选取了部分用户的发言,通过用户发言验证产品的可发展性,如图 1-18 所示。

图 1-16　Airbnb 商业计划书的第 11 页

图 1-17　Airbnb 商业计划书的第 12 页

在商业计划书的最后一页，Airbnb 明确地提出了融资条件，并且制定了今后的战略目标，给投资者吃了一颗定心丸，如图 1-19 所示。

图 1-18　Airbnb 商业计划书的第 13 页

图 1-19　Airbnb 商业计划书的第 14 页

　　Airbnb 最后获得融资的因素有很多，但这份商业计划书功不可没。当然，随着企业的不断发展，更多的报表、产品以及更复杂的内容都要加到商业计划书中，但简洁明了仍是其不可改变的重要表现形式。一份好的商业计划书就是这样，简洁明了的界面却能将要素讲得清清楚楚，从而起到促进融资的重要作用。

第二章

商业计划书的分类

商业计划书并不是一成不变的，企业根据不同的融资方式，可以将商业计划书分成不同的类型。本章给大家着重介绍三种常见的商业计划书类型，即路演型商业计划书、工作型商业计划书以及验证型商业计划书。这三类商业计划书无论是从展示特点、展示形式还是展示风格上，都有很大的差别。通过阅读本章，读者可以充分了解商业计划书的不同类型，并根据企业所需选择制定相应类型的商业计划书。

一、路演型商业计划书：风投资金澎湃入库的导流渠道

说到路演（Roadshow），很多人都会感觉比较熟悉，但又说不出其具体内容。其实路演最初只针对证券领域，是证券发行商获取融资的有效推介方式之一。随着时代的发展，路演的性质也发生了变化，如今越来越多的企业都采用路演的方式进行招商，从而达到推广的目的。

路演是企业进行融资的重要宣传方式，有助于促进企业和投资方之间的沟通与交流，是企业顺利进行融资的重要保证。融资成功的企业可以快速开启市场，从而提高企业竞争力。

而路演型商业计划书就是针对路演所制作的商业计划书，可以让投资方快速了解企业的经营管理理念，从而成为风投资金澎湃入库的导流渠道。一份优秀的

路演型商业计划书对于企业来说是重要的开始，在一定程度上能够影响投资方对企业的认可程度。

1.路演型商业计划书，放在手上就像一个微型手册

企业在进行路演时，时间是一个需要着重考虑的因素。在路演过程中，投资方没有充裕的时间以及耐心倾听企业的所有内容。因此，路演型商业计划书应该具备短而精的风格，就像是一本万能的微型手册。

如大家所见，微型手册一般具有展示页面少、阅读时间短的特点。同理，路演型商业计划书也应该做到这两点，并展示出大致的规划内容。

（1）展示页面少。路演型商业计划书一般展示的页面为15~20页，企业在制作商业计划书时应该根据自己的实际内容充分进行展示。

（2）阅读时间短。路演型商业计划书的展示时间应该为5~8分钟，在这几分钟内，企业就应该把融资内容介绍完毕。

路演型商业计划书具备以上特点是基本要素，然而，企业不能为了做到以上几点就分不清商业计划书的重点，让投资方看得云里雾里。路演型商业计划书应该像微型手册一样，可以清楚地把项目重点展示出来。

不仅如此，路演型商业计划书需要面对的投资方通常数量繁多，因此路演型商业计划书需要着重考虑如何通过商业计划书打动潜在的投资方。也正因为如此，路演型商业计划书的展现形式显得尤其重要。

虽然投资方众多，但是投资方并不会在路演时将企业所有的信息都收入眼底，因此在短时间内展示出企业的关键信息是优质路演型商业计划书的必备要素。在正常情况下，路演型商业计划书这本微型手册需要给投资方展示出的重点内容可总结为以下五点，如图2-1所示。

1）企业简介

任何类型的商业计划书都要展示出这一部分，因为企业才是推介的主体，通过简单介绍企业的发展状况，可使投资方对企业有一个充分的了解。除此之外，企业还应该在简介中加上联系方式，避免出现投资方无法联系到企业的情况。

2）主要团队

团队是企业发展的核心，在路演型商业计划书中，企业展示主要的团队，就

等于向投资方展示自己雄厚的实力。投资方通过企业的团队可以看到企业未来的发展前景,从而增强对企业的信赖。

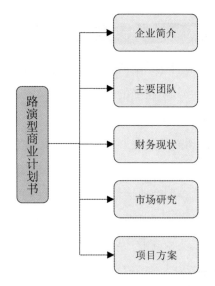

图 2-1　路演型商业计划书需要展示的关键信息

3)财务现状

不可否认的是,财务是企业项目发展的强大支撑力,同时还能反映企业发展的盈亏情况。企业可以通过报表的形式向投资方展示财务现状以及未来可达到的发展预期,投资方通过这些财务内容可以明确地知道自己能否获益。

4)市场研究

有对比才有鉴别。企业通过研究和分析市场状况,让投资方从这些展示内容中看到融资项目广阔的发展前景,并得知企业在市场竞争中具备绝对的实力,想必投资方对融资项目也会看好。而在路演型商业计划书中,市场研究对比和现状最好用图表数据的形式表现出来。

5)项目方案

项目方案即企业向投资方展示出所需融资的项目的大纲内容,并向投资方说明所需资金额度、收益分配情况等内容,让投资方清楚地了解到投资该项目的资金去向。

由于时间较短,路演型商业计划书无法给投资方展现出所有的内容,只能充分发挥微型手册的优势,让投资方一目了然。因此,企业如将以上五点内容都纳入路演型商业计划书中，也能够制作出一份优质的商业计划书，从而在路演中脱颖而出，受到投资方的青睐。

2. 直奔主题，别啰唆

通过上面的内容大家可以得知，路演的时间较短，企业没有足够的时间将所有的内容都一一展示出来。为了让路演更生动、更有效，企业制作商业计划书就应该直奔主题，少一些无用的铺垫。

路演型商业计划书在展示时要做到直奔主题，首先就需要把很多相对来说没有那么重要的因素去掉，比如企业的文化理念与发展情怀、员工相亲相爱亲如一家等内容。将这些内容加到路演型商业计划书中，投资方看不到重点内容，耐心很容易被消磨完。如果企业的路演型商业计划书出现了这样的情况，哪怕融资项目再好、再完善，投资方也不会再有耐心去了解。

因此，路演型商业计划书在制作时，应该直接对投资方想看到的内容、关心的问题进行充分的介绍。比如融资项目的发展前景、企业的优势等。这些内容很容易吸引投资方的目光，并引导投资方快速了解企业的项目，加速融资进程。

当然，直奔主题不仅仅是指制作商业计划书，企业在路演介绍中也要做到这一点。有的企业会先入为主，认为在路演时做一个前期的铺垫有利于促进投资方进入状态，投资方在接下来的了解过程中也会有更深的体会。大家可以试想一个场景：在路演时，介绍人在场上热情洋溢地讲理想、讲抱负，久久没有提及任何实施步骤。投资方在场下听了半天也没有听到想听的内容，想必也是哭笑不得。

其实投资方对于企业的很多基本内容都有一定的概念，经验能够让他们快速进入状态，企业这种先入为主的想法，其实对于投资方来说是多此一举。况且大多数投资方日理万机，时间不多，因此如果在挤出的时间中还听了那么多无关内容，想必也会很不高兴。所以，在路演时，无论是制作商业计划书还是宣讲商业计划书，企业都应该直奔主题，避免啰唆。如果投资方对项目感兴趣，必然还会有更多的时间去接触，那时候就不怕没有"啰唆"的机会了。

说了那么多，那么企业应该如何直奔主题、言简意赅呢？

（1）简单：路演型商业计划书界面应简单大方，多余的内容无须赘述。

（2）直接：路演型商业计划书应该直接给投资方表达项目的优点，又或者是能够解决投资方什么样的刚需。

（3）粗暴：在解说路演型商业计划书时，应该尽可能缩短时间，并提高解说效率。

在路演中，虽然融资是主要目的，但达成共识是前提，企业和投资方只有达成一致理念才有机会将项目落实。直奔主题的表达方式有助于投资方直接获取企业的信息，更容易促进企业获得支持。因此，还请企业的各位讲解者在开场时说一句"各位投资人，大家好！接下来由我给大家介绍一下我们公司的计划书"就够了，其他内容无须多说。

3.给投资人视觉冲击，图片尽量铺满屏幕

下面请大家试想一个场景：

假如你是一位投资人，在夏日炎炎的午后，一场各大企业齐聚一堂的项目路演正在进行，这已经是你在听的第三个小时了。

台上的这位讲解者展示的商业计划书铺满了文字（见图2-2），而他本人也像念经一样把项目的内容复述一遍。在这种场景下，你是否会觉得心情烦躁、无心再去了解关于这个项目的任何信息呢？

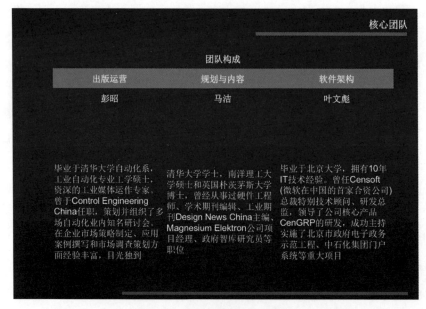

图2-2　全是文字的商业计划书

然而下一个讲解者就比较有意思，在一开始时就使用了全图型的图片铺满屏幕（见图2-3），还用铺满图片的商业计划书展示了企业的数据、信息等内容，讲解虽不是十分有趣，但也富有激情。在这种场景下，你忍不住多看几眼他的商业计划书，讲述的内容也忍不住多倾听了几句。通过一番了解，你觉得这个项目可行，会不会当即表示愿意投1000万元到该企业的项目当中呢？

图2-3　图片铺满屏幕的商业计划书

其实这种场景并非虚构，商业计划书的展现形式在一定程度上影响着投资方的了解程度。一份生动明了的商业计划书往往会比枯燥无味的商业计划书要吸引人，哪怕是同样的项目，生动明了的商业计划书成功的概率都会远远大于枯燥无味的商业计划书。

根据以上情况大家可以知道，依据应用场景对商业计划书进行划分，一般可分为演讲型和阅读型。对于演讲型来说，商业计划书更像是一个辅助工具，通过生动形象的图片展示辅导讲解者所需讲解的内容，达到提纲挈领的目的。而阅读型就是上述场景中，通过大段的文字将企业信息表达出来。投资方基本不需要讲解者的解说，只要耐心阅读商业计划书便可了解项目的全部内容。毋庸置疑，企业进行路演时最适合的方式就是演讲型。

投资方日理万机，每日恨不得所有的事情都能以最简单的形式表达出来，又怎么会有耐心花费时间去阅读大段的文字呢？

因此，在路演时所使用的商业计划书，必须要以演讲型为主。在商业计划书中，大量使用图片并使其铺满屏幕，一眼望去就可以给人以简洁、好看、大气的感觉，给投资方造成视觉冲击，形成震撼感。不仅如此，大量全图型图片还有利于带动投资方的情绪，帮助投资方快速进入状态，从而理解商业计划书所要表达的内容。在这一点上，锤子科技、小米手机等大企业无一不是最佳案例。

4. 案例：迅雷在2014年IPO上市的路演商业计划书

案例之所以成为案例，主要是因为其有着某些突出的特点，值得他人借鉴或反思。因此，通过解析商业计划书的案例，有助于企业学习如何制作一份优质的商业计划书。

迅雷在2014年IPO上市，其路演的商业计划书也成为众多企业争相模仿的对象。从迅雷整体的路演商业计划书风格我们可以看出，其页面尺寸基本沿用了4：3的标准规格，而不论是排版、内容，还是其他方面，都偏向于新兴的科技风。

迅雷在商业计划书中的第二页就介绍了其发行概况，其中包括发行价区间、资金用途、日期以及承销商等，投资方对这些信息可以一目了然，如图2-4所示。

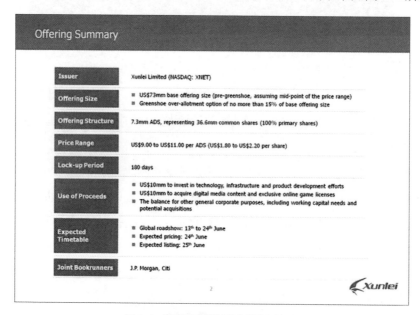

图2-4　迅雷商业计划书中的发行概况

接下来，迅雷开始展示企业的科技优势，讲述了迅雷云加速技术的众多优点，比如让用户使用起来如水一般方便快捷，并改善用户体验等，如图2-5、图2-6所示。

关于迅雷的发展现状，迅雷特意强调了一点："迅雷从一家广告收入主导的公司逐步转变为一家由用户服务驱动的公司。"这些内容在商业计划书中的体现如图2-7所示。

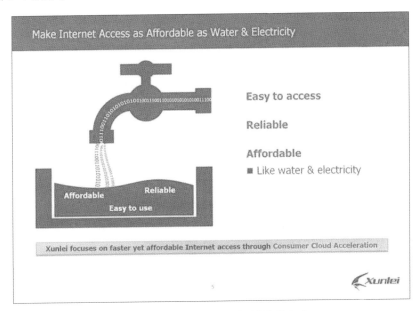

图2-5　迅雷商业计划书中的科技优势（1）

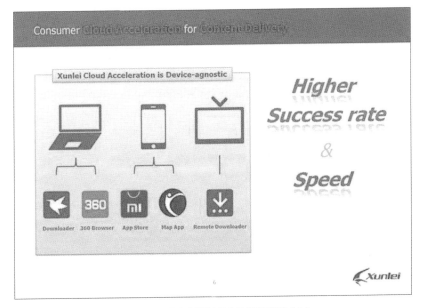

图2-6　迅雷商业计划书中的科技优势（2）

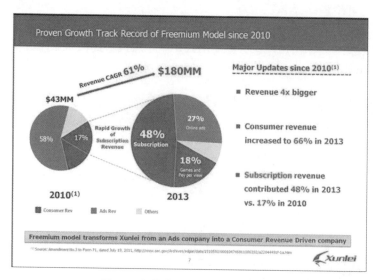

图 2-7　迅雷商业计划书中的发展现状

迅雷还在商业计划书中阐述了此次投资的亮点（见图 2-8），并从中国互联网公司排名现状、强大的技术、庞大的用户价值、受欢迎的货币化交易方式、良好的财务状况、多方面成长因素以及管理团队七个方面进行讲述。其中，中国互联网公司排名现状如图 2-9 所示；强大的技术如图 2-10、图 2-11 所示；庞大的用户价值如图 2-12～图 2-17 所示；良好的财务状况如图 2-18 所示；多方面成长因素如图 2-19～图 2-23 所示；管理团队如图 2-24 所示。

图 2-8　迅雷商业计划书中的投资亮点

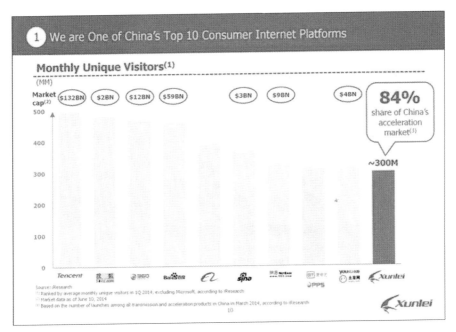

图 2-9 迅雷商业计划书中的排名情况

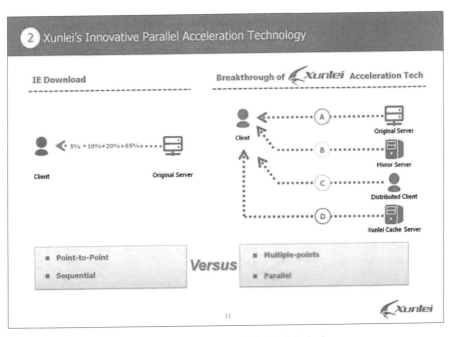

图 2-10 迅雷商业计划书中的强大技术（1）

第二章 商业计划书的分类

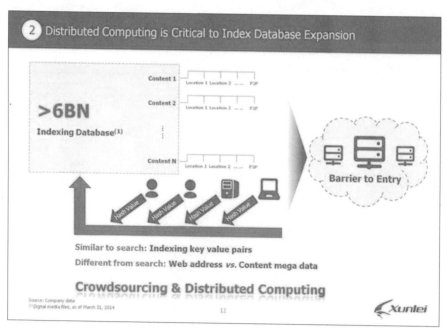

图 2-11 迅雷商业计划书中的强大技术（2）

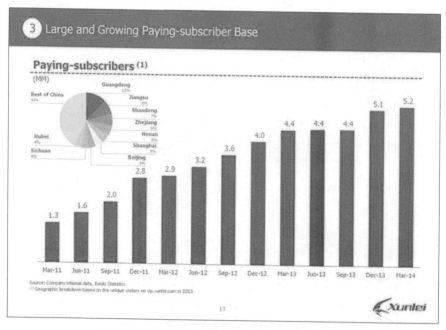

图 2-12 迅雷商业计划书中展示的庞大用户价值（1）

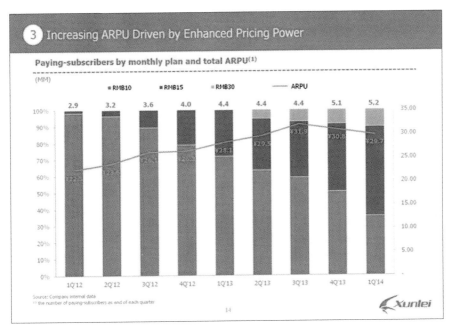

图 2-13　迅雷商业计划书中展示的庞大用户价值（2）

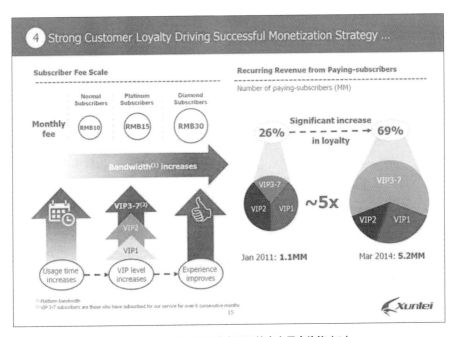

图 2-14　迅雷商业计划书中展示的庞大用户价值（3）

第二章　商业计划书的分类

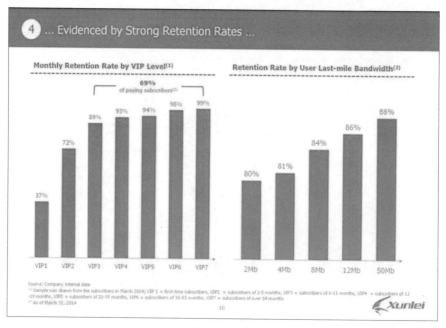

图 2-15　迅雷商业计划书中展示的庞大用户价值（4）

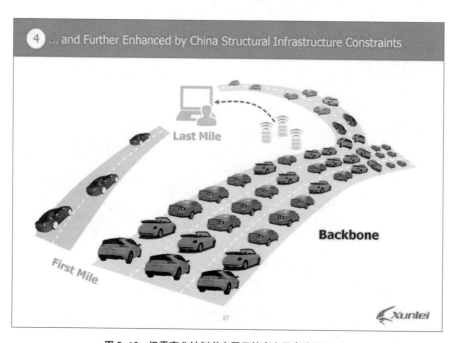

图 2-16　迅雷商业计划书中展示的庞大用户价值（5）

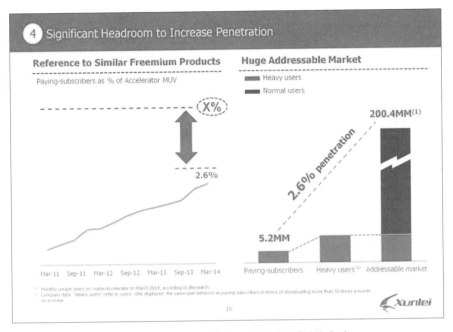

图 2-17　迅雷商业计划书中展示的庞大用户价值（6）

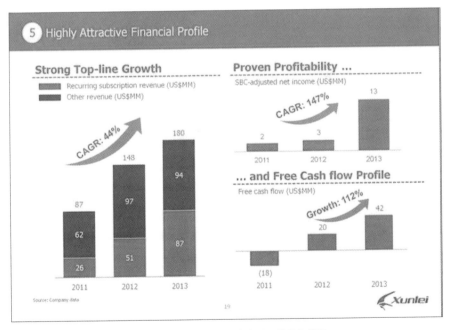

图 2-18　迅雷商业计划书中展示的财务状况

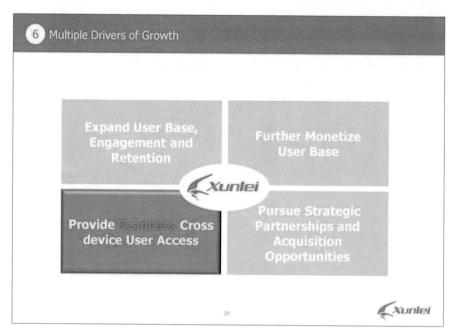

图 2-19 迅雷商业计划书中展示的成长因素（1）

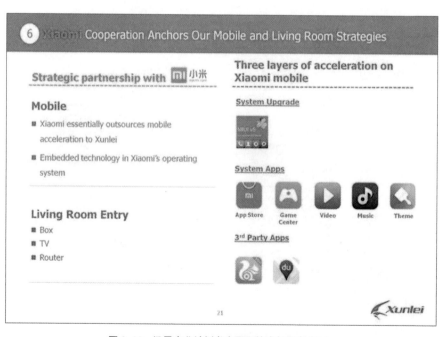

图 2-20 迅雷商业计划书中展示的成长因素（2）

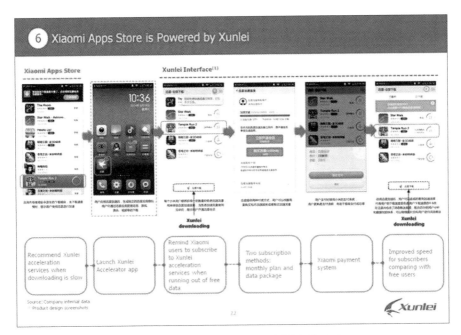

图 2-21 迅雷商业计划书中展示的成长因素（3）

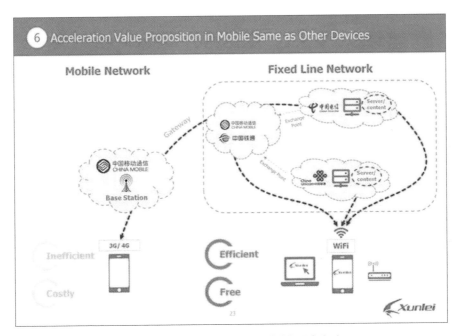

图 2-22 迅雷商业计划书中展示的成长因素（4）

第二章 商业计划书的分类

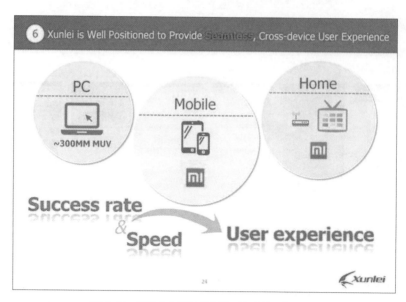

图 2-23　迅雷商业计划书中展示的成长因素（5）

图 2-24　迅雷商业计划书中展示的管理团队

最后，迅雷在商业计划书中做出总结，"迅雷是中国领先的云加速技术服务商"，如图 2-25 所示。

图 2-25 迅雷商业计划书中展示的总结

大家从迅雷的这几十页商业计划书中可以发现,计划书中的内容涵盖了各个方面,把迅雷的整个商业模型都充分地向投资方展示了出来。在商业计划书中的很多数据、优势,对投资方来说,都具有极大的说服力。因此,在路演型商业计划书中,企业必须尽最大的努力将优势充分展示出来,并通过调查结果、图表、数据等形式进行说明,有理有据,从而为融资奠定良好的基础。

总而言之,在路演型商业计划书中,企业要把最重要的内容都展示出来,同时将企业的优势都充分表达给投资方。在路演型商业计划书中,优秀的企业案例有很多,企业在制作商业计划书时可以适当地参考和借鉴,但内容一定要符合企业自身情况。

二、工作型商业计划书:事无巨细,完美的工作指南

工作型商业计划书与路演型商业计划书差距较大,甚至在很多方面都是往相反的方向制定的。之所以产生这样的差别,主要是因为工作型商业计划书更适合

企业内部使用。工作型商业计划书的表现形式一般为 Word 文档，因为通过 Word 文档可以将重要的部分和一些细节内容比较详细地表现出来，事无巨细，是企业内部人员的完美工作指南。

1. 工作型商业计划书，内部人员使用的指导书

与路演型商业计划书以及验证型商业计划书不同的是，工作型商业计划书主要面向的群体是企业内部的工作人员，并不以融资招商为目的。一个企业想要得到更长远的发展，一份明确的指导意见是必不可少的，这就需要制作一份商业计划书对企业内部人员进行指导，而工作型商业计划书则是最佳选择。

当制作出一份完善的工作型商业计划书后，这份工作型商业计划书就将会给企业内部人员使用，即用于服务企业内部的发展。通过制作工作型商业计划书，企业对内部的数据、计划等内容进行梳理，可以加深对自己的认识，还有利于为企业内部的工作人员提供一份参考依据。

作为商业计划书中较为特别的一种计划书，工作型商业计划书需要按照公司内部的具体情况来制作。一般来说，工作型商业计划书都具备以下两个特点。

1）内容全面，页面多

工作型商业计划书相对于其他计划书来说，其面对的目标只有企业内部人员，因此制作起来也就更加具有针对性，内容更加全面。比如，介绍企业概况这一项，在制作路演型商业计划书时，企业需要考虑时间问题，因此介绍的内容就会少很多。但在工作型商业计划书中，由于不受时间限制，可以对企业具体的发展史、发展现状、发展前景等进行详细的介绍。

工作型商业计划书所涉及的内容非常多，并且还要进行详细的叙述，因此，整份工作型商业计划书制作下来，页数哪怕在 40~50 页也不过分。

2）排版简易

工作型商业计划书虽然内容较多，但是由于其面向的目标还是内部人员，所以排版不需要像其他商业计划书一样需要慎重考虑，怕一不小心排版失误从而错失招商的机会。工作型商业计划书只需要对内容进行简单的排版，页面简洁大方即可。

工作型商业计划书的主要内容还是以企业在某段时期内的发展计划为主，并对工作人员的行为准则做出规范，促使达到企业的预期目标。也正因为如此，工

作型商业计划书可以说是每一个企业内部人员使用的工作指南。一般来说，为了让工作型商业计划书这份工作指南更好地达到预期目的，在制作工作型商业计划书时往往要遵循以下五个原则，如图2-26所示。

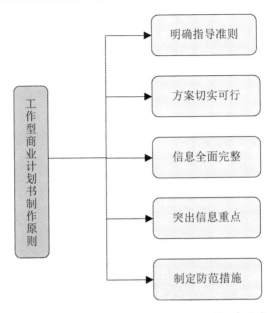

图2-26　制作工作型商业计划书时需要遵循的五个原则

（1）明确指导准则：企业发展的方向或者方案是建立指导准则的最佳参考依据。

（2）方案切实可行：制定指导方案时，应该认真参考企业的发展状况，并脚踏实地，制定出切实可行的方案，从而获得方案的预期效果。

（3）信息全面完整：在制作工作型商业计划书之前，企业应该集思广益，积极收集内部人员的意见，最后总结出最合适的工作型商业计划书。

（4）突出信息重点：工作型商业计划书虽然不用于招商，但是也要区分轻重缓急。在制作工作型商业计划书时，企业需要着重考虑企业内部的重点问题，并突出计划重点。

（5）制定防范措施：凡事没有十全十美，计划也有可能会出现问题，对待这些"意料之外"，工作型商业计划书应该制定出一些防范措施，以确保计划能够顺利进行。

企业根据这五个原则，再结合企业自身的信息，一般情况下都能制作出一份完善的工作型商业计划书，从而对企业内部人员进行明确的指导。

2.适合全面报道，让人一眼看明白所有问题

在前面我们曾讲过，面对应用场景对商业计划书进行划分，其一般可分为演讲型和阅读型。路演型商业计划书适用于演讲型，而工作型商业计划书明显适用于阅读型。阅读型不能像路演型商业计划书那样只需做出简单的描述，而是应该事无巨细地对公司信息做出全面报道，让企业内部人员在不受时间限制的条件下，对其进行充分的阅读和理解。

当企业针对内部工作人员制定指导方案时，工作人员更愿意看到一些工作的详细计划，而不是粗略的、大致的方针内容，因为详细的信息更利于指引他们前进的方向。因此，在制作工作型商业计划书时，企业应该针对企业内部某段时期所有项目的所有内容进行全面的报道，让工作人员的行为准则有据可依。比如在介绍企业内部的团队时，不仅可以介绍主要的管理团队、技术团队，还可以介绍这些团队人员下属的机构情况，让工作人员更加深入地了解公司架构。

工作型商业计划书对企业进行全面报道，其实是有很多好处的。比如说可以将企业的优势充分展示出来，从而增加企业内部工作人员的自豪感，激发工作动力。但是，由于内容报道过于详细，工作人员翻阅的时间也随之加长，还难以记住里面的内容。比如说某工作人员需要了解企业最受欢迎的产品，但在翻阅过程中久久找不到其所需的内容，耐性很容易被消磨掉。因此，为了避免这种情况的出现，在制作工作型商业计划书时，需要区分好信息的重点与非重点，并将其篇幅安排妥当，争取让内部工作人员翻阅时，能够及时发现重点问题，一目了然。

那么什么样的内容应该是重点内容呢？一般情况下，面向内部工作人员，企业近期的销售业绩、新产品与新项目、具体工作方法等都可以作为工作型商业计划书的重点内容，企业可以在这些方面多加描述。而像企业情况分析、防范措施分析等内容，工作型商业计划书中可以少着笔墨。这样的分配方法既能让工作型商业计划书进行全面的报道，又能让内部工作人员一眼看清重点问题。

3.排版、装订不拘一格，事实数据不能忽略

工作型商业计划书，从名字上我们都能看出这一计划书的严肃性。工作型商

业计划书虽说是为了企业内部人员制作的计划书，但是对于工作的任何情况都应该认真对待，而不是草草了事。而且，工作型商业计划书主要还是为了加深工作人员对企业以及工作内容进行一个全面的了解，从而促进企业的发展，因此无论是在装订、排版，还是在其他内容上，都应该细致全面，事无巨细，将每一部分都认真地完成，从而获得工作人员的喜爱与信赖。

大家也知道，工作型商业计划书与路演型商业计划书有很大的不同，各个方面撰写得非常详细，因此为了让这些内容有理有据，数据事实必须添加在其中。比如说企业的财务报表分析，在路演时，只要将企业的财务现状以及分配情况做一个简单介绍即可；而在工作型商业计划书中，企业应该将每个季度的财务报表分析都总结出来，并对下一季度的财务计划做出规划，促使工作人员朝着目标而努力。

数据事实不仅限于财务状况，同时还可以用于企业的市场排名、企业的客户群、企业的产品信息等。通过这些数据信息，工作人员可以更多地了解企业的发展状况，并得知自身的差距与不足，完善自身工作内容。

同样的道理，数据也要注重排版等细节，工作型商业计划书所有内容都应该保持细致、全面的准则，这样才能向工作人员交出一份优秀的工作型商业计划书。

三、验证型商业计划书：能够让你与投资人复谈约见的文件

验证型商业计划书所要面对的投资方是这三类商业计划书中最少同时也是最重要的，主要还是因为验证型商业计划书是投资方对企业在认可部分内容后，想要得到更多的企业信息，并进行复谈约见。针对这种情况，企业就要准备验证型商业计划书，再次争取获得投资方的信任。验证型商业计划书主要阐述融资项目的具体情况，并对一些内容进行验证。在制作过程中，企业需要使用大量数据，因此，精准是验证型商业计划书的一个重要因素。

1. 验证型商业计划书，用数据说话更有信服力

融资并不是一种简单的流程，商业计划书也不会在出现一遍后就能帮助企业

马上获得融资。要经过层层把关，验证型商业计划书可以说是融资的最后一个助推器。企业之所以能与投资方进行复约面谈，无非是在复约之前对企业有了基本的了解，并对企业的项目产生了兴趣。因此，一份集合了大量数据的验证型商业计划书就是复约面谈的有力武器，有利于帮助投资方更深入地了解企业的项目。通过大量数据的展示，投资方可以迅速了解项目的可行性以及发展前景，通过判断后决定融资结果。因此，企业融资成败在此一举，验证型商业计划书中的数据起着十分重要的作用。

在验证型商业计划书中，企业必须向投资方提供各方面的数据分析，比如市场调研、产品信息、财务报表分析等。这些数据信息其实都关系着融资项目的可行性，投资方需要根据这些数据来判断项目的发展前景。因此，制作验证型商业计划书需要准备大量的数据，并且还要精细而准确，这样才有助于说服投资方，从而促使融资的顺利进行。

而像公司简介、管理团队等需要文字进行着重介绍的内容，其实都可以适当减少，用文字简要说明即可。毕竟投资方愿意与企业进行复约面谈，主要还是想更多地了解项目信息，并对其进行验证。因此，在其他地方花费过多的时间不仅难以说服投资方，还很有可能适得其反。

验证型商业计划书主要还是用于投资方再次确认某些信息，因此，用数据来说话无疑是最具有说服力的。不仅如此，验证型商业计划书并非是对项目中的某一部分进行复验，而是大部分甚至是整个项目。因此，制作验证型商业计划书往往都要使用大量数据，并且不能出现差错。

除此之外，企业在使用数据时，一定要立足于融资项目的全局，让数据充分发挥作用。可能有的企业不明白这样做的作用，但事实上这是基于验证型商业计划书全局性强的特点而总结出来的。

如果验证型商业计划书能够放宽视野，从该企业所处的行业对该项目进行分析，得出的结果将会更有对比性和科学性。想必大家都知道，融资项目肯定不是在公司内部实行，而是要面向整个行业市场的。如果仅从企业内部进行分析，得出的数据因为缺乏对比将会变得更加狭隘，投资方也难以相信该数据的准确性。因此，企业制作验证型商业计划书时，所使用的数据要立足于行业全局，才能让数据更具有说服力。

2. 适合重点分析，将精力投入到更重要的问题上

不少人在上大学以后，学习积极性下降，因此，期末考试有很多同学都需要老师"画重点"，在最后几天对这些重点内容进行重点复习。同样的道理，商业计划书中内容太多会让投资方感觉目不暇接，难以抓住重点。

企业在制作验证型商业计划书时，不能把所有的数据或者文字都进行平均处理，没有突出重点，这对于投资方来说感觉并不好。就像是验证型商业计划书所必需的数据信息，数据信息是最直观的表达方式，但是当大量数据集中起来时，只会让人感觉眼花缭乱、无所适从。数据繁多且复杂，投资方分不清哪些数据才是自己想要的，就会对融资项目产生不满，从而导致不好的效果。

因此，企业要在制作验证型商业计划书之前厘清重点内容，并在商业计划书中对投资方使用较大篇幅，对重点内容进行重点分析和讲解。通过验证型商业计划书的重点分析，投资方可以轻易把握重点，抓住自己所需要的信息，并及时做出判断。

当然，在讲解验证型商业计划书时，讲解者也应该对重点内容进行重点讲解甚至是补充。投资方也会有新人，每一个都是经验十足的投资者也是要从新人的身份转换过来的。因此，讲解者在讲解时重点讲解某些内容，可以帮助投资方的新人把握重点内容，有效避免出现错失投资机会的现象。比如说融资项目在市场中的可行性如何、都是通过哪些数据调查或对比出来的、这些数据又是如何得来的等，这些内容都可以进行重点介绍。而像企业文化、企业情怀等内容，只需做一个简介即可，无须花费过多时间。

3. 数据图表娓娓道来，做一个数据控

验证型商业计划书可以说是企业进行项目融资的最后一步，如果这一步走错了，那么之前所有的努力都白费了。验证型商业计划书中包含各式各样的图表和数据，这些图表与数据在很大程度上影响着投资方的决定。如果图表和数据显得杂乱无章，想必投资方也不会有了解的兴趣。相反，企业在制作图表时娓娓道来，有理有据，相信投资方也很容易被打动。

企业想要制作一份优质的验证型商业计划书，就需要认真对待每一张图表和

每一个数据，坚决不能出现差错。因此，在制作验证型商业计划书时，工作人员的态度必须严谨而认真，厘清图表与数据的逻辑顺序以及要表达的信息，让验证型商业计划书的图表都是有联系、可衔接的。除此之外，验证型商业计划书展现出来的娓娓道来、一丝不苟的风格，还有助于加深投资方对企业的印象，让投资方感受到这份验证型商业计划书是经过认真准备并且分析出来的数据，这些数据是非常值得投资方相信的。

验证型商业计划书与前两类商业计划书都不一样，如果像路演型商业计划书一样简单明了，就会显得企业对这次复约面谈不够重视，投资方难免会心生不悦，甚至会觉得这些数据全是敷衍，并质疑这些数据的准确性，不利于项目融资的进行。而如果企业采用工作型商业计划书，又难以区分重点，会让投资方产生"一刀切"的错觉，重点图表和数据难以展示其作用。因此，验证型商业计划书只适用于将图表和数据娓娓道来，让投资方既能了解重点，又能让商业计划书不失严谨。

总而言之，企业在制作图表和数据时，要对图表整体进行梳理，制作过程中还要对各项数据进行反复审查与核对，避免出现"一颗老鼠屎坏了一锅汤"的情况。

第三章

撰写商业计划书的前期准备

我们都知道，不管做任何事，做好前期的准备工作是非常有必要的。对于撰写商业计划书而言，同样如此。在写商业计划书之前，你需要做好万全的准备，只有这样，才能保证写出更加优质的商业计划书。

那么，撰写商业计划书之前都需要准备什么呢？首先，做好市场调研，掌握最权威的信息数据；其次，对获得的信息进行整合，形成调研报告；最后，根据调研报告，做出科学定位。

一、市场调研，不懂市场，投资人如何信任你？

做市场调研的目的就是让你更清晰地了解市场，只有全面地把握了整个市场情况，才会赢得投资人的信任。

1.别做无头苍蝇，调研之前先明确调研目标

首先讲一个失败的案例：王明是某公司的产品经理，他需要针对他所负责的产品撰写一份商业计划书。在撰写之前，他想到了需要对产品的整个市场情况进行一个调研，但是，王明什么都没有准备就去调研了。之后，他发现他没有要调研的目标，这导致他后续的工作很难进行下去。

从这个案例我们可以知道，在调研之前确定调研目标是非常重要的。确立调研目标就是根据公司的实际需求对整个调研活动提出具体可实施的任务，把公司需要解决的问题转变为市场调研问题，从而为公司提出更科学的决策意见。

通常情况下，公司需要解决的问题主要有两个方面。

1）公司未来的战略规划

公司未来的战略规划主要指的是公司在成立之前，相关人员需要对整个市场的定位情况、产品未来的规划方向以及市场的宏观和微观情况进行考察，从而了解整个市场的竞争力以及发展趋势、产品的发展潜力等问题。这些问题都是属于给公司未来战略规划的一部分。

2）公司的营销策略

营销策略是公司进行产品营销的关键，在制定营销策略时，需要了解策略制定过程中的问题以及整个行业竞争的状况、消费者的购买力等。如果你想了解这些问题，就需要对市场进行调研，通过存在的问题找出应对的策略。

市场调研不是根据公司出现的问题进行的，而是根据调研目标进行的。调研目标越明确，市场调研的范围就越准确，后续的工作也越容易开展。明确调研目标除了能节省调研费用之外，还能大大提升获取信息的准确性。如果调研目标不明确，就会大大增加整个市场调研活动的实际成本，因此，在市场调研之前，你一定要明确调研目标。

如何明确调研目标呢？调研目标是根据公司需要解决的问题来制定的，这是市场调研活动的前提。在明确调研目标之前，你需要具体分析公司所面临的问题，把问题按照紧急程度进行分类，找出最需要解决的问题。此外，你还需要找出在调研过程中会用到哪些资料，提前搜集。具体来说，明确调研目标时，需要做以下几点。

1）拜访公司决策层

上述已经提到，在制定调研目标时需要了解公司未来的战略规划，调研目标也是围绕战略规划以及发展过程中出现的问题来制定的。公司的决策层对公司未来整体的发展方向起了重要的作用，在公司的战略规划上也有十分丰富的经验。

因此，在制定调研目标之前，对决策层的拜访也是有必要的。公司的决策层在战略规划上可以给予你非常好的建议，从而帮助你制定清晰的调研目标。

2）请教行业内的专家

当你对某个行业或者产品进行调研时，只有真正熟悉这个行业或产品，才能制定科学的调研目标。行业内的专家对他所在的行业是非常了解的，对整个市场环境能够清晰地把控，向行业内的专家请教时，需要提前列好请教提纲，咨询哪些问题，提纲能够使谈话过程更加顺畅，进而专家给你提出合理的建议，从而帮助你制定更加精准的调研目标。

3）收集消费者的相关消费数据

当今社会，数据成了最好的证明工具。制定调研目标前需要收集消费者的消费数据，以往的消费数据代表了消费者过去的一些消费习惯。它能够给未来的消费行为提供科学的依据。

在收集消费数据时，只要收集近五年的消费数据即可。如果你要调研某个行业的市场情况，则需要收集该行业的消费者数据。如果你要调研某个产品的市场情况，则需要收集该产品的消费数据，而收集的范围则需要根据公司的实际情况来决定。

根据上述几点内容，在制定调研目标时就会有一个清晰的思路，从而为你制定出更加精准的调研目标。

2.做好准备，记录调研的相关问题

我们都知道，调研过程并不是一帆风顺的，在这个过程中，你可能会遇到很多棘手的问题。这些问题短时间内解决起来比较困难，因此，你需要记录下来，避免时间一长容易遗忘，从而影响调研结果。

记录调研中的问题最主要的目的就是为后续的调研工作提供科学的参考，从而有效解决问题，为公司提供一个良好的发展环境。接下来用一则案例来说明调研中需要记录哪些问题。

某公司对农贸市场进行了专门的市场调研，在调研过程中记录的问题如下。

1）农贸市场的交通环境问题

交通环境拥堵几乎是每一个老旧的农贸市场面临的一个问题，也是在调研过程中发现的问题。通常情况下，农贸市场在上下班的高峰期由于客流量、车流量也会迎来拥堵局面。农贸市场周围没有专门的较为宽敞的停车场所，在市场内部，小摊贩占据马路通道，因而道路也会拥挤狭窄，市民买菜十分不方便。

2）农贸市场的卫生环境问题

农贸市场的卫生环境差也一直以来是市民反映比较多的。市场内部没有专门的工作人员来负责垃圾的清理，导致垃圾堆积严重，占据了马路，为人们出行带来了不便。除此之外，市场内的排水系统通常也不顺畅，导致污水在马路上横流，发出难闻的气味。

市场道路两边的摊位排列得也十分不整齐，出现了随意占地的情况，摊贩所贩卖的商品在一定程度上污染了周围的环境，从而影响了城市的整体环境，给市民留下了不好的印象。

3）农贸市场的安全隐患问题

安全隐患问题主要表现在三个方面。首先是消防安全隐患问题。道路的拥挤以及摊贩的随意占位导致了消防通道堵塞，市场中也缺乏足够的消防设施，即使有消防设施，也是年久失修的，质量存在问题。

其次是食品的安全隐患问题。相关部门对农贸市场的质量监督并不严格，很多摊贩都存在无照经营或者销售违规食品的情况，这就很容易引起食品安全问题。

最后是治安安全隐患问题。农贸市场是开放的，因此，不管是哪类人，都是可以进入的。这就导致了市场内人员的复杂结构，素质水平也存在一定的差异，再加上市场内不存在专门的治安人员，就难免会发生偷盗、抢劫等治安安全隐患。

4）整体功能设施不完善问题

当今社会，城市人口数量在急剧增加，因此，社会设施服务的范围也逐渐扩大，这导致农贸市场的数量无法满足人口增长的需要。此外，很多农贸市场周围都不存在专门的停车位等设施，从而导致了车辆的胡乱停放，影响了附近人们的日常出行。

以上四个问题就是某公司在对农贸市场的调研过程中所记录的问题。从问题记录中可以看出，该公司在调研过程中遇到的问题记录得非常详细，对问题出现的原因也进行了简单分析。这些问题都是后续需要解决的问题，针对这些问题，相关人员会制定出有效的应对方案，从而解决这些问题。

在记录问题的过程中需要注意的是：有的人在记录问题时对已经明确并且解决的问题或者之前已经记录过的问题进行了重新记录，导致记录的问题不明确，在后续查找时出现了麻烦。在记录问题时，需要记录的在调研过程中遇到的难以解决的问题，问题一定要记录清楚，最好能附加相关的说明。

总之，在记录问题时需要把最难、最棘手、最迫切的问题先记录下来，然后寻求该问题的解决方案。

3. 在分析市场前先搜集相关资料

为了更好地分析市场，在市场调研前，需要搜集相关资料来充分地了解市场。那么，都需要搜集哪些资料呢？

1）企业资料

企业资料是非常重要的，在收集企业资料时可以直接向公司的相关部门借用相关的数据。这些数据主要包括企业本身所具备的一些条件、企业所处的环境条件、企业的营销方式等。

2）竞争对手的资料

你需要收集竞争对手的哪些资料呢？那就是和你的公司资料相对应的数据资料。这些资料收集起来相对比较麻烦，因此，事先建立一个关于竞争对手公司的资料数据库是很有必要的。该数据库需要由专门的人员进行维护，及时更新数据信息，然后为公司提供最准确的数据，方便公司做出科学决策。

需要收集的竞争对手的资料包括营销策略、财务投入情况、产品的开发情况、营销团队结构、营销渠道情况、产品推广情况等。

3）消费者的购买资料

这类数据能够反映产品的市场容量情况，能够使产品营销策略及时做出调整，从而推动产业的发展。

在市场中存在无数个产品，每个消费者的需求都是不同的，因此，企业不能满足全部消费者的需求，只能满足部分消费者的需求，而资料的收集也是针对这些目标消费者展开的，所以应该收集这些消费者的消费数据，然后根据数据做出科学的决策。

4）市场营销环境资料

市场营销环境包括宏观的营销环境以及微观的营销环境。你需要收集的是微观营销环境下的数据，这些数据能够直接影响公司的营销能力。

市场营销涉及的因素主要包括产品供应商、营销中介、顾客、社会公众等。收集与这些因素相关的数据，能够准确把握市场营销环境。

5）目标市场资料

目标市场指的是公司产品所对应的市场。根据消费者的消费习惯，市场能够分成无数个子市场。掌握目标市场的情况能够帮助公司顺利打入市场，在市场中占领一席之地。因此，在调研前，关于目标市场的相关资料也是需要收集的。

了解了需要收集的资料之后，还需要掌握在收集资料过程中经常使用的一些方法，这能帮助我们有效收集相关资料。

访谈法。该方法需要调研人员与目标对象进行面对面的交谈，从目标对象口中获得一些资料。你在运用这种方法时，首先要列一个访谈提纲，把需要了解的内容以问题的形式记录下来，在访谈过程中可以帮助你顺利地向目标对象提问，提高访谈效率。

问卷收集法。该方法需要向目标对象发放问卷，调研人员把需要了解的内容以问卷的形式发放，然后回收。在采用该方法时，设计的问题一定要具有针对性，不能存在模棱两可的问题，从而使被调研对象也给出不准确的答案，影响收集效果。

网络收集法。该方法是最直接、最简单的方法，调研人员直接在网络上搜索想要获取的资料，以此来获得需要的资料。可以收集数据的网站有国家数据网、CEIC、万得、中国统计信息网、收数网等。

4.调研方法千千万，找准合适的那一款

市场调研有多种方法，不管采用哪种方法，真正适合公司的需要才是最重要的。通常情况下，常用的市场调研方法有以下几种。

1）文案调研法

文案调研法是调研人员借助公司所拥有的内部或者外部的信息，然后对需要调研的内容进行进一步的整理分析的一种方法。该方法不需要浪费过多的时间，收集起来比较方便，也非常高效。

一般来说，文案调研需要经过这几个步骤：明确调研渠道、资料查询检索、资料收集、识别有效资料、资料的深入研究及应用。

与其他调研方法相比，这种方法不受空间的限制，收集起来比较方便，并且能够收集的资料很丰富；能够节省更多的时间以及精力，提高调研的效率；降低调研所需要的相关成本费用；资料由于是公司内部的，相关人员已经进行过整理，因此，再次整理起来也比较方便。

但是，这只是公司所掌握的资料，无法保证数据的时效性，对整体的调研结果容易造成一定的误差；收集的资料仍然需要进一步整理，无法直接采用；由于资料比较多，调研人员需要从中筛选出有效的信息，这项工作是非常烦琐的。

2）实地调研法

这种方法具体又可以分为访问法、观察法以及实验法。

（1）访问法就是调研人员对目标对象进行访问来获得所需要的信息的一种方法。它又可以以访谈、座谈、问卷的形式呈现出来，主要包括深度访谈法、在线访问法、电话访问法等。

深度访谈法没有固定的结构，形式很直接，在访问时，资深的调研人员在访问目标对象时会充分展现问题的动机、态度及情感。常用的技巧有阶梯前进、隐蔽问题访问、象征性分析三种。

在线访问法是公司利用线上调研、免费评论、在线收集目标对象的信息的一种方法。这种方法的优点是能够获得更多的反馈率，节约成本，对收集信息能够快速进行分析。但是，这种方法很容易导致调研结果的不准确，从而影响整个调研效果。

电话访问法是调研人员以电话的形式向目标对象进行访问。这种方法能够获得目标对象的高参与度，但是也会存在被拒绝的情况从而降低整体的访问效率。

采用该调研法时需要注意的是调研人员向目标对象所提问的问题都必须是和调研内容相关的问题，在目标对象回答能力范围内的问题。此外，访问的时间需要控制在合理的范围内，不能过长也不能过短。过长的话很容易引起目标对象的厌烦，过短的话则无法获得更加有效的信息。

（2）观察法就是调研人员在现场直接通过某种工具来观察以及记录目标对象的一些动作语言行为，从而获取资料的一种方法。

（3）实验法就是公司通过开展一定规模的产品营销活动来获取某种产品或者营销策略是否有效的一种方法。一般来说，实验会涉及产品质量、种类、包装、营销渠道等各个方面。这种方法经常被用在新产品的试营销过程中。

3）特殊调研法

这种方法需要对固定的样本、各个零售店面的销量情况、专门的消费者调查团队等进行持续的调研。在调查过程中，需要用到投影法、语义区别法等对消费者的消费动机进行调研，也会采用 CAI 计算机调研的方式。

4）竞争对手调研法

俗话说："知己知彼，百战不殆。"当今社会，竞争日益激烈，如果不了解竞争对手的情况，也就无法在市场中赢得一席之地。

采用这种方法的最主要目的就是借助一切能够获得的资料来全面了解竞争对手的情况。其中主要包括竞争对手公司产品的营销渠道、营销策略、竞争策略、资金投入、人员构成等。从这些信息中发现竞争对手存在的弱点及优势，从而帮助公司制定相应的应对策略，扩大自身在市场中的影响力。

二、信息到手，别忘了完成调研报告

在充分地掌握了信息之后，接下来就是形成一份完整的调研报告了。调研报告能够准确地反映出事物的客观情况，把最真实的面目展现出来。调研报告代表的是整个调研过程，是呈现给投资人最重要的书面报告之一，因此，完成调研报告也是调研人员不可缺少的一个环节。

1. 信息整合，把到手的信息消化掉

信息整合是撰写调研报告的第一步，你需要把收集到的所有的信息进行序列化、调整，从而实现信息的有效配置，挖掘信息的最大价值。

信息整合对于公司而言具有非常重要的作用，把收集到的信息整合以后，不仅为调研报告提供了参考依据，还可以为这些信息建立专门的信息数据库，进行有效管理，为公司其他员工的工作提供便利，这也能够成为丰富的资源，得到最大化利用。

信息整合后能够使公司有效利用现有的信息，提升信息资源的利用率。此外，

还能为公司的每个员工提供专属的信息平台，有效管理好自己所需的信息资源，提高工作的积极性。

信息整合的过程也是提高调研人员技术水平的过程，也会提升公司信息整合的能力，从而不断推动公司的信息整合力度，为公司避免不必要的损失。

信息整合主要包括三种方式：数据整合、内容整合以及过程整合。

数据整合。在收集的信息中，会涉及很多数据，这些数据都是零散分布在各个数据库中的。公司的数据也被分散保存在不同的数据库中，在进行数据整合时，调研人员需要从中筛选出能够为调研报告提供依据的数据。

数据整合也是把不同数据库中的数据都集中在一个数据库中，从而能够快速地进行分析，实现信息的深加工。它最主要的目的就是整合多个数据库中的数据，然后形成统一的单一数据库，从而快速消化庞大的数据信息。

内容整合指的是对非结构化信息的整合。这些信息主要包括表格信息、Word文件、图片、视频文件、音频文件等。这类信息占的比重比较大，因此，在对这些信息进行整合时，可以创建一个专门的内容管理平台，从而有效管理这些信息。

把这些非结构化的信息纳入到专门的内容管理系统，实现对这些信息的有效整合，并从中提取出最具价值的信息，为调研报告提供强有力的信息数据支撑。还可以进一步对平台中的信息进行分类，把信息逐渐细化，方便在以后的工作中利用这些信息，也给公司的其他工作人员提供便利。

过程整合是在数据整合以及内容整合的基础上进行的。它的主要目的是把公司的规则移到公司的系统软件中，提高信息整合的效率，实现信息的最优化。

2. 统计分析，用数据形式呈现出来

统计分析是通过统计的方法，从定量和定性的角度对信息进行分析，形成权威的数据。统计分析一般来说分为五步：对需要分析的信息进行描述；研究信息数据之间的关系；搭建模型，建立数据之间的联系；验证模型的有效性；分析未来形势。

在市场调研中，常用到的统计分析方法有六种。

1）对比分析法

该方法是对相关指标进行对比，从而反映出事物在某些方面的差异及相似之

处，通过对比进行判别。如果只单一分析一种指标，反映的只是事物的表面信息，无法得出有价值性的信息。通过对比分析的方法，能够对事物的实际情况做出准确判断。

该方法具体又可以分为横向对比和纵向对比。横向对比指的是在相同的时间内不同指标间的对比，例如，不同班级、不同学校、不同城市之间的对比。纵向对比指的是在相同的指标下不同时间的对比。横向对比和纵向对比既可以独立使用，也可以结合起来使用。

2）统计分组法

该方法是整体上的对比分析，一个整体由无数个个体单位构成，各个单位都具有很多特性，这就导致了单位之间的差别。在进行统计分析时，不仅要对数量指标进行分析，还需要进行单位之间的分组分析。

在分组分析时，把各个单位按照不同的特性进行分组整理，从而找出其中存在的关系以及规律。它的关键点就在于准确进行各组之间界限的划分。

3）动态分析法

在进行统计分析时，如果只观察某一个固定时间内的指标，会影响分析结果。建立时间数列，然后进行动态分析，从而反映出事物在一段时间内的变化规律。

进行动态分析时，需要保证时间数列中指标的前后一致性。为了避免时间间隔的不同，你可以采用时间的平均数来建立时间数列。

4）指数分析法

指数指的是能够反映出事物变化情况的相对数。根据研究范围，指数可以分为个体指数、类指数以及总指数。

指数能够真实地反映出事物的变化情况，也能反映出事物受不同因素变动影响的程度。在指数的数量关系中，假设其他因素不变，从而判断其中一种因素对整体的影响。通过指数来对各个因素进行分析，然后判断出各个因素对事物的影响程度。

5）平衡分析法

该方法是研究事物数量变化对等关系的方法。它能够把相互对立的事物根据其构成要素进行排列，整合在一起，从而从整体的角度来判别它们的平衡关系。这种关系被广泛应用，例如，公司收支平衡表等。

运用这种方法进行统计分析的目的就是从数量对等关系中真实地反映出事物之间的平衡情况以及展现出造成这种不平衡的原因。

6）综合评价分析法

在进行综合评价分析时，主要分为以下四步。

（1）明确综合评价的指标体系，这一步为后续的综合评价奠定了基础。这里需要注意的是，建立的指标体系一定要注意全面性以及系统性。

（2）收集相关数据，对不同计量单位的指标值进行相同度量的处理。这一环节可以采用的方法有相对化处理、标准化处理以及函数化处理等方法。

（3）明确每个指标的权数，从而保证整个评价的有效性。在明确权数时可以根据各个指标所在的位置以及对事物的影响程度来进行。

（4）汇总出各个指标，然后算出它们的综合分值，最后做出科学的评价。

3. 把数据放入商业计划书并存档，调研报告也要给投资人看

我认识的一位投资人在聊天时说："假如有100份商业计划书，在首次查看时我会砍掉一半；经过更为仔细的评估之后，又有一半被砍掉；再经过深入评估之后，大约又有一半被砍掉。"

100份商业计划书中只有少数的计划书能够进入更为细致的评估中，但是，最后真正符合条件、获得投资人青睐、最终签订合同的公司更是少数。因此，做一份优秀的商业计划书是非常有必要的。

可靠的市场调研以及数据分析是让投资人看好商业计划书的重要因素，因此，在商业计划书中要加入分析过的数据，并且把调研报告也呈现给投资人，以展现你的诚意。

商业计划书可以说是获得投资人青睐的关键，那么，一份含金量高的商业计划书是什么样的呢？每个投资人都喜欢看商业计划书中的数据，通过数据来做出决定，因此，含金量高的商业计划书是靠数据来支撑的，而数据是从市场调研中得来的。

在进行市场调研的基础上，对收集到的数据信息进行深入的分析、加工，最后得出一份符合公司实际情况的商业计划书，这样的计划书更能迎合投资人。因为每个投资人可能一天需要看几十份甚至几百份商业计划书，如果一份一份仔细

去看肯定是不现实的，因此，他们首先会看计划书中的数据分析是否合理，是否能引起兴趣，而数据就是引起投资人兴趣的关键。

将市场调研获得的真实数据放入计划书中，并且通过对数据分析得出最科学的结论。如果不通过市场调研就随意地把数据放进去，对于经验丰富的投资人来说，这种数据很容易被识别出来，因此，在计划书中放入的数据一定要真实可靠。

一份好的商业计划书都是通过进行充分的市场调研得来的，数据准备得越充分，越容易吸引投资人的兴趣。获得一手的调研数据之后，通过数据分析，把分析结果以及一手数据都放入计划书中。

投资人一般通过数据来判断想要投资的商业计划是否具有潜力，通过数据来评估公司的真实实力以及未来的发展潜力、公司的盈利空间，这些因素都会影响投资人做出是否投资的决定。他们关注的数据方向也与项目所在的市场环境、行业有很大关系。

例如，在电商类的项目中，投资人最关注流量指标、营销指标、订单产生效率指标、营销收入、利润等数据；在网游类的项目中，投资人主要关注的是转化率、盈利率、下载量、每次使用的时间等数据。

三、打磨调研内容，给自己做好定位

调研报告是撰写商业计划书的基础，优质的调研报告能提高商业计划书的含金量，吸引投资人的注意。因此，你需要认真打磨调研内容，给自己做好定位。

1. 调研报告主要有哪些细分内容？

调研报告最主要的核心是能够反映出客观的事实。在阐述调研报告的细分内容之前，首先要了解一下调研报告具有哪些特点。

真实性。调研报告是通过进行具体的市场调研之后获得真实的资料，然后对这些资料进行整理，从而得出符合客观事实的结论。报告中的研究都是建立在事实的基础上的，因此，真实性是调研报告最明显的特点。

理论性。调研报告中最核心的内容就是观点，这些观点是对大量材料的进一步升华，而不是对材料的罗列堆积。它是采用科学的方法进行不断地探索、研究得出的结论，因此，它的理论性非常强。

语言简单明了。调研报告中所采用的语言是非常简单明了的，虽然语言简单，但是每一句话都直达中心，能够把客观事实真实地反映出来。此外，你还可以在报告中加入一些生动活泼的语言，使报告更加生动。

调研报告分为多个种类，但是这些报告在内容结构上还是相似的，通常情况下，调研报告包括标题以及正文两大部分。

1）标题

标题的作用是概括报告的中心内容。调研报告的标题有公文式标题、文章式标题、提问式标题、正副结合式标题四种。

公文式标题较为正式，一般由事由以及文种组成，如《有关高校教师收入水平的调研报告》；文章式标题，人们可以直接从标题中看出调研报告的中心思想，简单明了，如《本省青年爱好不一》；提问式标题以问句的形式展现出来，如《我省市民的生活水平如何？》；正副结合式标题很常见，正标题展现的是调研报告的中心思想，副标题则说明调研报告的相关事项以及范围，如《加强教师生活水平改善——关于某高校教师生活水平的调研》。

2）正文

正文主要有三个部分：前言、主体以及结尾。

前言部分就是简明扼要地描述一下调研的问题，调研时间、地点、事件、目标对象以及在这个过程中所采用的调研方法。一般来说，前言也是文章开头的一部分，如何开题没有固定的形式，但是最重要的是这个部分要概括整个报告的中心思想，用简明扼要的语言来概括报告的中心大意。

主体部分是整个调研报告的核心。在这个部分里，需要展现调研的主要内容和调研的原因。该部分涵盖了丰富的资料，内容较多，因此，一定要厘清内容之间的逻辑顺序，保持内容的前后连贯。

调研报告主体结构主要有横式结构、纵式结构、综合式结构三种。

横式结构就是把调研的内容进行深入分析，然后围绕中心主旨分成不同的类别拆开成几个问题来表述。在每个问题的开头可以添加小标题，每个问题中还会分成大大小小的其他小问题。这种结构呈现出的观点比较鲜明，人们能够一目了然。

纵式结构分两种：一种是按照调研的起因、经过、结果等顺序进行阐述，能够使读者对调研内容有一个更为深入的了解；另一种是按照调研的成果、原因以及结论顺序来阐述，多用在综合性的调研报告中。

综合式结构是横式与纵式的结合。通常情况下，在前半部分，阐述调研的发展情况时多采用纵式结构；在后半部分，阐述调研结论、观点、感想时多采用横式结构。

在主体部分，不管采用哪种结构，都一定要注意整体的逻辑顺序，分清主次，更好地突出中心内容。

结尾部分主要阐述的是通过调研所得出的结论、观点以及思考等。常用的调研报告结尾有：提炼调研报告的主要观点，加深人们的认识；展望所调研的项目的发展方向，激励人们深入思考；提出可行性建议，供他人参考；说明所调研的项目存在的不足，并给出解决方法。

2.行业分析，把握大趋势才能知道捞多大的鱼

行业分析所采用的是经济学、统计学等原理，对行业的发展状况、竞争力、营销策略等各个方面进行的深入分析，发现行业发展的潜在规律，从而预测未来行业的发展趋势。

行业分析最主要的目的就是发现最具发展潜力的行业，然后对最具商业价值的公司进行投资，因此，只有对行业进行深入的分析，才能更加准确地把握行业的发展情况以及行业在生命周期中所在的位置，从而做出准确判断，获得投资回报。

一般来说，行业分析的主要内容包括以下几方面。

1）基本情况分析

行业的基本情况主要包括行业描述、行业的历史发展情况、行业发展的现状分析、行业未来发展趋势分析、行业整体的市场容量、营销增长率情况、未来营销趋势预测、行业的资金投入与产出比、净资产的现状以及未来的发展趋势。

2）一般特征分析

一般特征分析主要包括行业所处的市场类型分析以及经济周期分析。在行业的市场类型分析中，主要涉及完全竞争、垄断竞争、寡头垄断以及完全垄断四个方面。

完全竞争是一种很纯粹的市场结构，它完全不受外界的干扰，也是一种非常

理想的竞争状态,目前,在现实社会中还不存在这样的市场结构。在这种竞争状态下,每个产品的买家都会面对多个卖家,买家能够不花费任何成本就可以在卖者之间移动。

垄断竞争和完全竞争之间非常接近,在这种竞争状态下,不仅存在大量的买家与卖家,人们也能自由地在市场间进入或退出。卖家之间所营销的产品也是存在很大差别的,不同的产品可以让不同的企业生产,也可以让一家企业同时生产多个有差别的产品。采用这种竞争模式,企业在短期内的利润较少,但是长期下来是有暴利存在的。

寡头垄断指的是在一个市场中,不同的企业之间所销售的产品都是唯一的,并且没有过多的竞争对手存在,像石油、电网等都处于寡头垄断的状态下。这类产品的销售商非常少,企业都是以连锁的形式存在的。

完全垄断是一种在市场上没有任何竞争对手的垄断状态,也就是说由一家企业来掌控整个市场。这种垄断状态可以分为政府完全垄断、私人完全垄断两种。

行业的经济周期分析主要是针对增长型行业、周期型行业、防守型行业的经济周期分析。

在增长型行业的经济周期分析中,该行业的增长主要依靠的是技术、新产品开发以及更周到的服务。

周期型行业,直接受该行业经济周期的影响。

防守型行业受经济周期的影响比较小,因为它在产品需求上相对比较稳定。

3)行业结构分析

在行业结构分析中主要采用了两种理论:产业组织分析SCP理论以及波特五力模型分析。

产业组织分析SCP理论主要是针对产业内部市场结构进行研究,对于产业的市场绩效具有非常重要的指导意义。在SCP的框架中,突出了市场结构所具有的独特作用,把该结构作为市场行为以及绩效的关键因素。采用这种理论分析的主要目的就是判别行业中细分市场的一些变化情况,然后及时做出调整。

波特五力模型分析是由美国著名的管理学者迈克尔·波特提出的。他认为,一个行业中会存在五种竞争力,即潜在进入者、行业中的竞争者、替代产品、购买者、供应者。

3. 竞争分析，知己知彼方能百战不殆

在当今竞争日益激烈的时代，如果只注重公司自身的发展，而忽略了对竞争对手的了解也是无法在市场竞争中取得胜利的。在某个行业市场中，并不是只有你一家企业在营销某种产品，会多多少少存在竞争对手。只有真正地去了解竞争对手的情况后，才能根据实际做出相应的策略调整，使公司发展更加顺利。

公司在发展过程中，要处理好与竞争对手的关系，对竞争对手进行深入的分析，才能更加了解对方，那么，如何分析竞争对手呢？

在初步明确你的竞争对手后，接下来就需要对每一位竞争对手进行更加深入、细致的分析，要对竞争对手的未来发展目标、现存的营销战略等方面进行分析。

1）竞争对手的未来发展目标

分析他们的发展目标能够帮助你准确地判断出竞争对手目前所处的发展阶段，在未来竞争对手会做出怎样的改变，对于外部的影响所采取的态度是怎样的。例如，在 20 世纪七八十年代，日本的摩托车公司就具有非常清晰的战略目标，那就是迅速占领美国市场，因此，这些公司为了避免关税壁垒，直接在美国本土上开建摩托车厂。

2）竞争对手的战略假设

对于企业而言，这些战略假设主要分为三种。

竞争对手所奉行的理论假设。例如，在美国，许多企业主要看重的是短时期的利润，通过这些利润来支撑公司的发展。日本的许多企业看重的则是市场占有率以及规模经济理论，在他们的意识里，只要在市场中赢得一席之地，就能够扩大产品的生产规模，从而降低单位成本，随之而来的也就是利润了。

竞争对手对自身的假设。不少企业都存在这样的意识：企业在某些方面比其他企业要更具有优势。像是生产营销名牌产品的企业可能不会渗透到较弱的企业中去。但是，如果利用减价来竞争的企业利用价格战就会影响到其他的企业了。

竞争对手对行业中其他企业的假设。在 20 世纪 60 年代，哈雷公司非常看好摩托车行业，也对自己的公司占领市场信心满满，但是却忽略了日本企业的发展，没有把它列入竞争对手的范围。然而，日本企业经过不断的发展，很快超过了哈雷公司。

分析竞争对手的战略假设，能够帮助企业判断竞争对手所处的市场环境。竞争对手是否把自己的公司也列入了竞争对手的范围，如果是，他们采取什么样的战略参与竞争？这些都是需要进行深入分析的。

3）竞争对手的战略路径及策略

这一点涉及企业的各个方面，需要从多角度去分析。以本田公司为例，该公司在产品的策略方面，根据美国的一些实际情况，在美国投放的主要是小型车，向美国市场提供了多种多样的小型车种类，从而吸引更多消费者的注意。小型车在美国的市场逐渐稳定后再投入其他的车型。

在价格方面，该公司利用自身的规模优势以及管理优势降低了产品的生产成本，从而可以以更低廉的价格销售出去。

在促销方面，通过建立与其他公司相区别的摩托车形象来赢得竞争力。其采取了行之有效的战略为公司带来了影响力，这是区别于其他公司的地方。

4）竞争对手的战略能力

在对竞争对手进行分析时，不仅要分析他们的目标以及策略，还要对他们的战略能力进行深入分析，也就是分析竞争对手会采取怎样的战略来参与市场竞争。如果竞争对手比较有优势，那么，企业就要采用更完善的策略来参与竞争；如果你的企业在战略上略胜一筹，那么，就没必要更换策略了。

第四章

商业计划书的构成

一、公司信息：先给投资人做个自我介绍

公司信息是企业向投资者展示基本的信息情况，甚至直接关系到投资者对企业第一印象的好坏及日后融资是否顺利。同时，企业也可以通过这些信息更了解自己。

在商业计划书中，撰写公司信息是每一家需要融资的企业都必然要经历的事情。众所周知，公司信息是融资过程中与投资者建立关系、打开局面的重要手段。因此，公司信息介绍一定要写得简洁而精彩，让投资者对自己迅速建立认识，并吸引其继续阅读或听取商业计划书。

1. 尽快让投资人熟悉你，把公司的具体信息说清楚

人们去面试时，姓名、年龄、学历等基本信息是面试官迫切想要知道的，同理，在商业计划书上，投资者也同样会注意企业的具体信息。企业的具体信息包括公司类型、股份占比情况、注册资金等。

如今常见的公司类型一般分为八类，如图4-1所示。

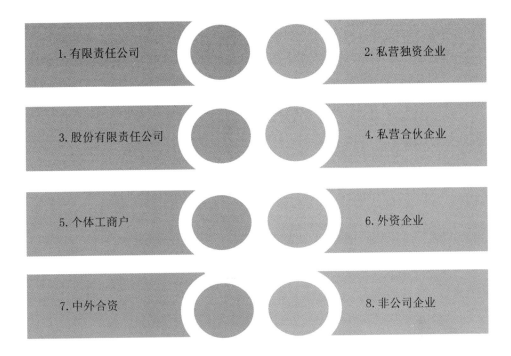

图 4-1 八类常见的公司类型

企业类型是自己必须要知道的，一般情况下不会出现太大的问题。比如北京×××有限责任公司，一般不会有人把自己企业误会成北京×××股份有限责任公司，因此就不多做介绍。

股份占比对于企业的重要性不言而喻，毕竟股东在企业中的权利地位基本上是依靠股份占比大小来支撑的，股东的股份占比越大，其在企业中的权益也就越多。因此，在商业计划书中，向投资者说明股份占比情况也是需要着重考虑的问题。企业在划分股份占比情况时，需要合理分配。股份的分配是有依据的，一般情况下都是给投资者30%左右的比例，给太多会对企业成长不利，给太少投资者又不会满意。

对于企业的注册资金，很多人在上网查询某个企业时都可以查到其注册资金。然而，很多人不知道的是，企业的注册资金可分为认缴资金和实缴资金。认缴资金是指企业实际上已经向股东发售出去的股本总额，按照我国法律，一般情况下它的金额都是等于注册资本。实缴资金则是按照规定必须到位的实际资金。

企业制作商业计划书时，应该把以上两项内容都体现出来，这也是投资者想要知道的情况。比如，A企业是一家教育机构，在制作商业计划书时示例如下。

注册资本：1000万元；

实际到位资本：800万元；

现金到位：500万元。

通过这样详细的书写，投资者可以对企业的注册情况了解得更加透彻，从中获取自己想要的信息。

除此之外，企业还可以在商业计划书中简单介绍企业的创始年份、经营状况、企业前景等内容，让投资者对企业更熟悉一些。

2. 你的目标是投资人投资的风向标

在撰写商业计划书的时候，企业目标是企业发展的核心内容，对投资者的决定具有重要的指导意义。

目标是指企业在发展过程中所希望达到的结果，企业的目标根据时间跨度的长短而划分，可分为长期目标和短期目标。企业目标应该是明确具体并且可以测量出来的，而不能是模糊抽象的。撰写商业计划书要提前设定发展目标，那么就要预测一个季度、一个年度甚至是五年之内的计划，从而达到企业发展的目标。在撰写过程中，企业需要思考实现目标的细节措施：应该如何实现目标？雇用怎样的员工？生产怎样的产品？如何将产品推向市场等，都是企业需要深思熟虑的问题，同样也是投资者所关心的。

根据企业的特殊性质来划分，企业目标又可以分为三类，如图4-2所示。

图4-2　企业目标分类

盈利能力一般依靠投资利润率、销售利润率等指标进行衡量，如在五年内销售额要达到1亿美元。服务能力包括对客户的服务与员工的需要，就拿对客户的服务来说，像三年内客户投诉次数要减少50%，就是一个不错的目标。社会责任可用活动种类、捐款数额等指标进行衡量，比如在今后三年中，每年将营业利润的1%捐给山区儿童购买日常学习用品等。当然，这些目标都是要根据企业不同的性质来制定的。

目标可以以时间表的形式呈现给投资者，将时间表细化，每一步目标都一目了然。但前提是企业必须要确定自己的短期目标以及长期目标，这样才能制作出一个完整的时间表。

虽然说企业制定的目标不一定能完全实现，但是企业却可以根据确立目标明确发展思路，而投资者也可以通过企业的发展目标，判断企业的发展潜力等。因此，企业目标不仅对企业具有重要的推进作用，同时对投资者也起着风向标的功能。

3. 分享经营成果，给投资人信心

企业的经营成果是指在某段时间线内，企业生产经营活动创造的所有效益。在一般情况下，实物量和价值量是反映企业经营成果的最佳因素。

实物量，顾名思义，就是企业的实物或服务产品的三方面要素：数量、质量以及品种。这三个要素没有谁重谁轻的说法，要同时做到产品数量多、质量好、品种全。而价值量同样包括三个方面，即总产出、净产出、纯收益。

在商业计划书中，企业的经营成果是让投资者了解企业的重要方法，也是投资者判断企业前期发展状况的重要参考因素。如果是一家较为成熟、大有名气的企业，那么其经营成果可以只做一个简单的叙述，毕竟投资者对于大企业的经营成果从来都是不会错过关注的。而相对而言，初创企业、小企业等，经营成果的意义就要更大一些，因此描述起来也要更为详细一些。接下来我们看一下某企业在商业计划书中介绍近五年企业成果的例子，如表4-1、表4-2所示。

表4-1　某企业近五年的利润表　　　　　　　　　　单位：百万元

项目	第一年	第二年	第三年	第四年	第五年
销售收入	5	23	88	38	46
直接成本	2	9	46	18	21
毛利	3	14	42	20	25
综合费用	22	20	17	13	15
折旧前利润	-19	-6	25	7	10

续表

项目	第一年	第二年	第三年	第四年	第五年
折旧	4		3	3	3
支付利息前利润	-23	-6	22	4	7
财务收入/支出	4	8	14	8	8
其他收入/支出			-8		
税前利润	-27	-14		-4	-1
所得税				0	0
净利润	-27	-14		-4	-1

表 4-2 某企业近五年的资产负债表　　　　　　　　　　单位：百万元

项目	第一年	第二年	第三年	第四年	第五年
流动资产合作	60	66	79	81	43
固定资产合作	59	59	16	10	47
资产总计	119	125	95	91	90
长期负债	80	70	50	50	40
短期负债		30	20	20	30
负债合计	80	100	70	70	70

这家企业通过表格把近五年来的经营成果完全展现了出来，这样一来，哪怕遇见不了解企业情况的投资者，也可以让他们迅速了解该企业的发展状况，从而判断出企业的发展前景是否良好、是否值得投资。经营成果是投资者对企业有所改观的重要机会，如果企业通过经营成果获得投资者的肯定，那么代表企业的前期发展是相当不错的。因此，在商业计划书中，企业的经营成果必须展现出来，让投资者通过这些经营成果，看到企业不断成长的样子，加强对企业投资的信心。

4. 没有愿景的公司不是好公司

如果说企业的经营成果是在讲述企业的发展历史，那么企业的发展愿景想当然就是企业的未来。相比较已经发生过的事情来说，投资者同样看重企业对于未来的规划，毕竟那不仅关系到企业是否有前途，同时还关系着投资者的直接利益。要知道，如果一个企业连发展愿景都没有，投资者也不会对这种"没有前途"的企业进行投资的。因此，在商业计划书中，企业的愿景是必须要清晰地表达出来的。通过表达企业的发展愿景，让投资者看到企业是具备发展潜力的，其资金投资出去是可以得到回报的。

对于企业的发展愿景，企业要向投资者展示其未来的发展目标，其中包括企业发展规模、人员管理状况、企业发展领域等。下面我们通过某企业在商业计划书中展示的愿景规划，看看企业对愿景的解说的正确打开方式。

在未来的五年中，我们公司的愿景是成为一家高科技领域的现代化公司，打算通过三个步骤达成目标。

首先，我们要用两年的时间将公司的各项管理制度完善好，快速让公司实现现代化管理。除此之外，我们还要扩招高素质人才员工，从而提升公司的整体水平，让技术和设计能够得到稳定的保障，从而扩大公司规模，让公司能够快速提升整体赢利水平。而对于公司高层的监管也不可放松，通过制定完善的监督措施，规范化管理公司风险，从而制定相应的规避措施。

其次，保证公司能够长期稳定地发展。公司将会时刻关注市场动向，因此就要定期组织员工调研市场状况。通过分析调研得出科学合理的市场结果，公司将会积极拓展新领域、新业务。除此之外，公司还要提高整体的创新能力，为公司拓展方向提供技术保障。

最后，公司通过前两个步骤的发展，整体水平大有提升，经济实力不断加强。因此，公司将会延伸至高科技领域，使公司发展更上一层楼。

在这一案例中，该企业通过近五年的规划来表达自己的发展愿景，从而让投资者看到企业的未来。当然，不同的企业可以根据自己的实际情况做出不同的愿景规划，企业也可以简略介绍自己的愿景，如在几年内要达到怎样的规模等。

5. 案例：今日头条领投石墨文档B轮融资，成为其最大股东

2017年11月21日，石墨文档进行B轮融资，今日头条领投并且成为其最大的股东。这个新闻爆出来后，引起一片哗然。

石墨文档于2014年成立，中间花了整整一年的时间，其产品在2015年才正式上线。石墨文档是一款协作云文档平台，它致力于SaaS（Software-as-a-Service，软件即服务）的应用模式为企业或团队提供专业性服务。在最初创作的时候，石墨文档就已经着重考虑用户体验，因此在一开始就以C端应用的设计要

求作为出发点。这样一来，石墨文档可以有效地缩小生活应用与工作应用之间的差距。

石墨文档在设计时同时考虑了中国美学设计，从而创作出一款"小而美"的产品。其文档和表格功能是目前最受欢迎的，其中文档可以实时保存在云端，并且支持多人协作编辑、跨平台操作以及编辑历史查看等。用户通过石墨文档高效的云端协作能力，可以轻松完成会议记录、探讨方案等工作。

在 2018 年 4 月，36 氪与石墨文档负责人、创始人之一——吴洁曾进行过一次采访谈话，根据谈话内容，我们可以得知，石墨文档成立至今，已经服务了近千万的个人用户，而企业用户也高达 12 万，覆盖行业包括新媒体、金融、教育等。在众多用户中，有 40% 的用户是来自移动端。而在收费用户中，选择续费的用户更是高达 70%。

在采访中谈及 2018 年的发展重点，吴洁说道："产品端的重点是完成 Office 三件套，打磨产品质量，夯实云端 Office 产品。石墨演示功能将会在年中推出，在设计上也会延续石墨一贯的简洁、安静、易用的理念，比传统 Office 更轻、更便捷、更容易操作，能更好地实现云端协同。"

虽然石墨文档没有透露融资的具体金额，但凭借其发展速度与发展潜力，想必会获得不少投资。从石墨文档的发展史我们可以看到，石墨文档如今虽然还未具备赢利条件，但其发展潜力不可估量。细看中国企业级 SaaS 市场，我们会发现已经有越来越多的企业用户都在不断地加入 SaaS 市场中，其带来的高效、便捷是众多用户迫切需要的，同时也是今日头条选择投资石墨文档的重要因素之一。

二、产品信息：投资人可能也是个产品经理

如果企业面向的投资者恰好也是个产品经理，那么在商业计划书中的重点介绍内容无疑就是企业的产品。产品信息是投资者进行投资的基础，只有当全面了解了产品信息后，投资者才会判断并且考虑投资的事项。因此，企业应该以正确的方式打开产品信息，从而进一步获取投资者的信任。

在这里，我们给大家讲述产品信息介绍包含的四个方面，分别是：了解用户

痛点、挖掘产品独到的卖点、介绍产品信息的方式、进行产品规划。在介绍这四个方面时，企业要做到实事求是，切忌夸大其词。

1. 只有了解用户的痛点，产品才能有卖点

产品卖点是商业计划书中的重点内容。投资者会比较关心企业的产品能够给用户带来什么、能为用户解决什么问题。同时，投资者还会站在用户的角度来审查企业的产品，从而判断产品有没有解决用户的问题。如果投资者认为产品对用户来说是有效的，那么这份商业计划书就更容易引起投资者的注意，并且还会因为产品而给企业做出较高的评价。因此，企业在营造产品卖点之前，应该充分了解用户痛点。

为了充分了解用户痛点，企业应该做出相应的调查和分析。因此，企业要定时关注所属行业的发展与变化，从而对行业、用户痛点都有一个动态的认识。

在调查用户痛点时，有些信息内容不容易获取，但是为了能够让商业计划书中的用户痛点更具准确性、客观性，企业可以从行业的大公司网站、数据调查机构网站上搜集相关的信息，从而获取更多的内容信息，而这些信息可以是组织结构、财务管理，也可以是年度报告等。

企业在商业计划书中展现用户痛点时，一定要精准，而不是泛泛而谈，需要根据产品的属性来入手。比如现在人们比较关注空气净化器，它侧重于净化PM2.5还是甲醛？其价格是走亲民路线还是高端大气上档次？购买之后的耗电量应该如何解决？企业只有站在用户的角度去审视产品的属性，才能充分了解用户痛点，在商业计划书撰写用户痛点时才能更加有理有据。

拿饮料行业来说，如今饮料种类数不胜数，口感层出不穷，然而加多宝仍然在饮料行业稳占一席之地，原因在于其紧紧抓住了"上火"这一痛点。大家都知道，上火在人们日常生活中是经常发生的事：熬夜会上火、吃辛辣食物会上火、天气太燥热都容易上火……"上火"的概念并不严谨，但用户深受影响。于是用户感到些微不适时，就会去购买加多宝，哪怕是平时也会买上几瓶以防万一。加多宝与其他饮料不同，卖的不是口感、不是包装，而是针对用户"上火"的痛点，从而营造出一个良好的卖点。加多宝在融资时，写出的用户痛点想必是非常受投资者认可的。

2. 产品卖点越独到，用户接受越简单

在日常对话中，我们经常能听到类似这样的对话："我前两天在××店买了一盒面膜，形状特别可爱，而且补水效果非常好！""真的吗？我都快烦死面膜那种丑丑的样子了，下班我也去买几盒。"这段对话虽然普通，但从他们谈话的过程中，大家可以知道该产品已经得到了用户的认可，而得到认可的原因就是该面膜除了"补水"这一普遍功能外，还有一个独特的卖点——形状可爱。

被用户接受的产品自然大受欢迎，一传十，十传百，用户互相推荐，形成良好的口碑效应。长期下去，该产品的市场也会变得更广阔。面对这样有着独特卖点的产品，相信投资者在看到商业计划书时也同样会感到心动的。

所有的企业都知道用户认可产品的重要性，想要用户接受某一产品，最重要的还是要了解用户需求，并在用户需求的基础上，寻找产品独特的卖点，用户就会更加喜爱该产品。

大家都知道自行车，传统的自行车一般来说具备骑行的功能就差不多了，外观不美观，设计感不强，按老一辈的话来说，这就是用来买菜的。如此"落后"的交通工具自然不受年轻人的欢迎，因此，自行车市场一度没落。然而在最近几年，不少企业经过改造，做出"健身""时尚""环保"的卖点来吸引年轻用户。年轻人在不同的情景下选择不同的款式，自行车也逐渐摆脱了"交通工具"这一唯一角色，以年轻、健康、时尚的一种生活方式出现在大众面前，最后重新获得了年轻人的喜爱，再次打开属于自己独特的市场。

自行车符合年轻人追求新的生活方式的需求，其卖点独特，自然大受欢迎。如果在商业计划书中将产品的独特卖点展示出来，那么从投资者的角度来看，这无疑会成为重要的加分项。

3. 这样介绍产品最令投资人心动

投资者在阅读商业计划书并进行判断企业是否值得投资时，其实主要关心的问题还是该企业能给投资者带来多大的利益，而决定其利益的很大一部分因素就是产品，因此，投资者十分看重企业产品的内容介绍。

对于企业来说，针对企业产品介绍这一项内容，更重要的是如何介绍产品才

能够打动投资者。在此，我们就要介绍如何对产品进行包装，从而在商业计划书中用正确的方式打开产品介绍。

在介绍产品时通常都要突出产品优势，从而吸引投资者，并增加其投资概率。一个令投资者心动的产品介绍通常包含六大要素，如图4-3所示。

1	产品市场需求量大，处于蓝海阶段
2	获得用户认可
3	成本优势明显
4	自动化、规模化
5	边际效益明显
6	提升了行业壁垒

图4-3 介绍产品的六大要素

1）产品市场需求量大，处于蓝海阶段

在《蓝海战略》一书中，作者曾这样写道："现存的市场由两种海洋所组成，即红海和蓝海。红海代表现今存在的所有产业，也就是我们已知的市场空间；蓝海则代表当今还不存在的产业，这就是未知的市场空间。"

如今红海阶段已经趋于饱和状态，同行之间竞争激烈，企业受益也逐渐减少。相反，如果企业开发的产品往蓝海阶段走，并且在开发过程中抢占先机，那么市场的广阔性不言而喻，其带来的利益也十分可观。试问，哪一个投资者会不对这样的产品内容感到心动呢？因此，如果企业的产品趋向于蓝海阶段，那么在制作商业计划书时一定要体现出来。

2）获得用户认可

生产产品的最终目的就是为了销售给用户，用户如果不认可产品，那么产品再好也还是卖不出去。因此，用户认可产品的重要性无须赘言。

华为在介绍产品被用户的认可度时，是通过各大网络销售平台的销售数据以及用户评价作为衡量标准的。比如在亚马逊网站中，华为P9在安卓手机中销量第一，不同内存的版本也分别获得了4.6、4.9的高分。企业在制作商业计划书时，就可以借鉴华为的做法，以此来体现用户的认可程度。

3）成本优势明显

成本优势是企业提高竞争力的重要手段，它包括原材料、技术、人才等方面的优势。如果一个企业实现了成本优势，哪怕该企业的产品价格在产业的平均水平之下，也照样能够获得高于产品平均水平的利润，这种价格优势无疑会非常吸引投资者。

苹果旗下的iPad产品在成本上就进行着严格控制，其在零件等原材料方面的成本控制更是力求降到最低。iPad产品的原材料都由苹果公司亲自把关，并且只要指定的供应商，代工生产公司无法从中获取额外的利润，从而降低了生产成本。

成本优势能够促使企业在同类产品中处于优势地位，这一点无疑是要在商业计划书中展现出来的。投资者从中可以判断出成本优势能够给其带来多大的利益，因此也会着重考虑这一方面。

4）自动化、规模化

随着科学技术的不断发展，自动化、规模化已经成为各大企业生产产品的趋势，无论是工业、农业，还是医疗行业等，自动化、规模化已经广泛应用于这些场景之中。自动化、规模化能够提高企业工作效率，在同等时间内生产出的产品会远远多于非自动化生产的产品，带给企业和投资者的利益也会更多。

自动化、规模化同时代表着企业技术的革新，有的传统企业故步自封，难以得到长远的发展，就像曾经的手机行业的龙头老大——诺基亚，最后只能走向没落，而投资者自然不会看好这样的企业。

其实自动化、规模化往往代表着企业为了发展而做出的努力和改变，如今很多企业都已经走上了这条道路。因此，已经实现自动化、规模化的企业就应该把这一项展现在商业计划书中，并介绍出来，从而打动投资者。

5）边际效益明显

企业产品的边际效益越明显，那么到后期企业生产产品时，其成本就会大大降低，产品盈利也就更多，这也就是为什么企业在介绍产品时展现出来的边际效益能够打动投资者的原因。

但是细看许多企业的商业计划书，大部分企业都没有这一项内容。因此，能够在商业计划书中将产品的边际效益解释清楚,其实可以让企业的商业计划书表现得更为出彩。

6)提升了行业壁垒

行业壁垒就像高门槛一样,是行业阻止、限制其他企业进入某一行业的障碍,加入的企业越少,整个行业的竞争也会越小。一个行业的壁垒越明显,企业垄断的可能性就会越大。因此,行业壁垒在一定程度上也是投资者关心的内容。

比如,苹果手机在介绍自己的产品技术时,大可以这样介绍:"我们的人脸识别技术在手机上应用得十分不错,在目前还没有任何一家企业能够赶超我们。在未来我们仍会再接再厉,研发出更多顶尖的技术。"这无疑就是提升行业壁垒的最佳证明,消费者在体验到苹果手机的高技术时,就会有更高层次的需求。如果一个企业想要取代苹果公司,那么就要拿出比苹果公司更强大的技术才有机会。因此,在商业计划书中加上产品提升行业壁垒的内容,无疑又是一个重要的加分项。

在商业计划书中,以上六点产品介绍方式有助于企业在众多竞争者中脱颖而出,从而获得投资者的青睐。介绍产品的方式还有很多,但以上六点企业万万不能忘记。

4.产品规划,给产品一个美好的未来

产品规划是企业通过调查研究客户需求、外在机会与风险、市场和技术发展态势等内容后,根据企业自身发展情况,拟定适合推进市场的产品的战略过程。产品就是企业的核心竞争力,是企业赢利的重要因素,因此,产品规划对于企业来说有着非常重要的意义。

企业制定产品规划需要做出产品生命周期规划、产品系列化规划、产品各类别结构规划等。

产品规划通常要根据五个步骤来进行:市场调查、有效沟通、收集以及分析数据、制定产品发展目标、制定中长期发展规划。由此可知,产品规划这项工作从头到尾都参与了产品开发的过程,而企业要根据产品开发的不同阶段调整好产品规划。

产品规划有助于企业解决产品线混乱的问题,从而延长产品的生命周期,促使企业实现盈利性增长。对于产品来说,产品规划如同一本书的目录,每一步都

有着清晰的规划,产品的每一步都像是在迎接自己的美好未来。

而在商业计划书上展示的产品规划,应该将投资者市场份额的提升加进去。要知道,投资者在选择投资对象的时候,会着重考虑自己占了投资的产品多少份额,后续是否有可能会提升,毕竟产品的市场份额关系到投资者的收益问题。而企业在商业计划书中规划产品的市场份额时,要回答好三个问题,如图4-4所示。

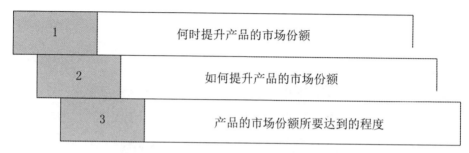

图4-4　商业计划书中关于市场份额的三个问题

企业将三个问题的答案列入商业计划书内,然后整合成为产品市场份额的规划,从而让投资者清晰地了解这项内容。需要注意的是,企业将产品市场份额列入商业计划书中时,需要着重考虑市场情况以及产品的发展状况,从而制定出一个合理的目标。企业切忌为了获得投资而夸大产品市场份额,否则很容易起反作用。

5. 案例:俞敏洪指出,他在一年内接触的商业计划书有七八成是伪需求

俞敏洪在2015年时接触过大量的商业计划书,然而在他眼里,这些商业计划书中有七八成是伪需求。为什么是伪需求?俞敏洪认为,这些具有伪需求的创业者都认为自己的创业是有想法、可实现的,但其实这是他们给自己创造的假象,并不能走到最后。

俞敏洪根据他所提到的伪需求举了个例子:"停车位的再利用问题,很多公司都在做这个事情,但是家里的停车位在我离开后通过APP让别人来使用,我认为实际上是一个伪需求。"而目前遭到热议的O2O家教,就是由教师、家长、学生在线上进行对接,而教师最后会上门提供家教,在俞敏洪眼里,这同样是伪需求。

针对伪需求这个概念,俞敏洪再次强调了一下:伪需求不是没有需求,而是少部分人对这类项目或产品有需求。但是这少部分人所需要的内容,俞敏洪不认

为其发展市场可以达到很大的程度，甚至是做这一内容所花费的金额比盈利要多。

只有把市场做大了才算是伟大，才是真正的需求。对于此，俞敏洪拿培训当例子：中国的培训市场足够大，但创业者想要进入这个市场，应该以什么作为切入点呢？然而许多创业者给出的答案并不令人满意，甚至有的创业者只想把自己与互联网或者人工智能等高新科技联系起来，传统行业只会让其感到丢脸。对于俞敏洪来说，这就是伪概念。

俞敏洪认为，线上培训与地面教学相比较，哪一个市场比较大，就应该从哪方面做起。就目前情况来说，培训市场只能以地面教学为主，而互联网等高新技术对于培训市场来说，只能起到一个补充的作用。"去年一年新东方增加20亿元收入证明了我的判断。"俞敏洪补充道。俞敏洪希望创业者不要只想着把内容给作酷炫，而忽略市场大小的问题。

那么，什么才是真正的需求呢？有的创业者向俞敏洪提出了老年人智能穿戴的设想，俞敏洪认为想要完善这套穿戴，监控和护理就要多下功夫。然而，如今的老年人更加在意的是如何摆脱孤独，因此，对于老年人来说，广场舞都比这套设备受欢迎。除此之外，这套设备的主要消费者不会是老年人，老年人不会对其产生购买的想法，只能引导儿女们为老人购买这套设备，这才是真正的需求。

三、团队成员：有好创意，也要有好的执行力

团队对于企业来说具有不可或缺的作用，一个具备创意的团队往往还需要高效的执行力来配合，才能促进企业的发展。因此，在商业计划书中，企业要清晰地展示团队的优势，从而展现出一个投资者喜欢的团队。一般来说，商业计划书中介绍团队的内容包括三点：创始人、核心团队以及团队管理模式。在本节中我们将通过介绍这三方面的内容，教会大家如何向投资者展现一个强大的团队。

1.创始人介绍：展现一个公司的强劲"火车头"

提到李彦宏，大家会想到百度；提到马云，大家会想到阿里巴巴；提到马化腾，自然而然想到了腾讯……创始人就是一个企业团队中的核心人物，他在内了解企

业情况,在外为大众熟知。"火车跑得快,全靠车头带"。假如把企业比作正在奔跑的火车,那么创始人无疑就是强劲的"火车头",带着企业不断前进。

创始人在一定程度上代表着企业的文化氛围、发展方式等,因此,企业在商业计划书中介绍创始人,一定要把创始人的一些代表事件都体现出来。当然,投资者不会对创始人的所有情况都感兴趣,企业只要把能够代表创始人带着企业强劲发展的关键要素表现出来即可。一般情况下,企业在介绍创始人时,可从以下三个方面介绍,如图4-5所示。

1	创始人的职业履历
2	创始人与项目相关的经历
3	创始人的梦想与情怀

图4-5 介绍创始人的三个方面

1)创始人的职业履历

在商业计划书中,想让投资者快速了解创始人,企业可以先简单介绍创始人的职业履历,也就是其受教育程度和重要的工作经历。比如,××在2005年从北京大学毕业,2006—2009年在×××知名企业担任经理职位。

在介绍创始人的职业履历信息时,企业不需要做出详细介绍,要用精练的语言总结出来。这样的表现形式既把重点表现出来,投资者也能一目了然,深得投资者的喜爱。

2)创始人与项目相关的经历

投资者在判断某一项目发展潜力的时候,一般来说也会考虑项目的创始人是有一些经验的,哪怕是失败的经验,同样值得投资者肯定。因为只有具备相关经验,创始人才会有进步,而不是纸上谈兵。创始人创造一个项目之前必然要有所了解,因此在进行融资之前,创始人与这个项目多多少少会有一些接触或见解,也正是因为这些接触才成就了创始人。因此,在商业计划书中,详细描述创始人与项目相关的经历也是同样重要的。

3）创始人的梦想与情怀

有梦想、情怀的人并不少，雷军就是一个明显的例子。具备梦想与情怀的人才会为了努力实现目标而不断奋斗，而无数创始人就是依靠梦想与情怀这种信念的支撑，在创业之路上砥砺前行，精益求精。在商业计划书中体现创始人的梦想与情怀，在一些人看来会显得有些"二"，其实不然。投资者通过创始人的梦想与情怀可以判断创始人对项目品质的追求，这些追求后期会转化为实际利益。

除此之外，如果创始人是有故事的人，企业还可以根据投资者的反应，决定要不要提创始人的创业故事。从创始人的创业故事中，投资者可以看到创始人身上的某些美好品质——百折不挠、睿智冷静等，从而加深对企业的第一印象。

2. 核心团队介绍：骨干力量筑起长城，公司力量无坚不摧

核心团队的构成人员并没有具体的标准，但一般情况下都是指决策层与管理层一起组成的团队，基本上包括了董事长、总裁、总经理等高层决策者。核心团队在企业的发展过程中发挥着不可替代的重要作用，他们就像是一个企业的大脑，是整个企业运行的指挥者。一个企业的核心团队足够优秀的话，那么他们能够带领企业走向正确的发展道路，并努力为企业争取获得最大效益。因此，在商业计划书的介绍中，核心团队同样是不可或缺的一部分。介绍核心团队一般分为三方面内容，如图4-6所示。

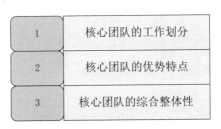

图4-6 介绍核心团队的三方面内容

1）核心团队的工作划分

管理一个企业是一项复杂的工作，其中包括营销、财务、开发等重要内容。为了避免工作内容混杂无序，这就要求团队进行分工合作，从而保证工作有序进行。核心团队一般由三人以上组成。通过工作划分，大家可以分到最合适自己的工作，各司其职，从而提高企业的工作效率。

在商业计划书中介绍核心团队的工作划分，就等于向投资者展示出一个分工明确并且具备高效率的管理团队，这要比团队成员身兼数职的企业更吸引投资者。

2）核心团队的优势特点

核心团队中的每一位管理者都管辖着不同的范围，其自身的优势对于其管辖领域来说会产生非常重要的影响。如果在商业计划书中体现出管理者在自己的岗位上能充分发挥优势，同样也是投资者比较赞赏的内容。比如说××企业总经理的理解力比较强，经常能够透析客户的想法，从而为企业争取了不少项目等。

3）核心团队的综合整体性

大家都知道"木桶原理"：如果一只水桶出现一块短板，那么这只水桶的容量就取决于最短的那块板。核心团队的综合能力也同样是这个原理，如果出现一个能力不足的人拖后腿，核心团队的整体实力难以得到提升；相反，如果核心团队的综合实力整体水平较高，那么遇到再强大的竞争对手，他们都有希望取得胜利。因此，核心团队的综合整体性也是投资者考量一个企业发展潜力的重要因素。

介绍完以上三个部分，投资者对企业的核心团队就会有一个大致的了解。需要注意的是，在介绍核心团队时，企业要尽量将这些内容与融资项目结合在一起，让投资者看到核心团队在这个项目中都发挥着什么作用。

3. 团队管理模式介绍：管理好，发展才能好

大量的管理实践证明，以团队为基础的管理模式能够给企业带来高效的工作方式。选择一个好的团队管理模式能够提高企业的创新能力和生产水平，并且能够带领企业取得优秀的成绩。投资者通过企业对于团队的管理模式，可以从中获取企业发展的重要信息，从而判断企业项目的可行性。在一般情况下，团队的管理模式可分为如图 4-7 所示的四种类型，企业可以根据自身情况选择最适合团队的管理模式，从而在商业计划书中展现出来。

1）分权管理

分权管理就是将工作划分，将责任转移，最后各司其职。管理者如果使用分权管理的模式，就要赋予下属一定的权力，让其有机会参与到决策当中。分权管理模式是当下呼声最高的管理模式，它既可以减轻管理者的工作压力，又可以让团队迅速成长起来，对双方都有好处。企业如果使用分权管理模式，可以有效提高工作的准确程度,还可以激发团队的工作积极性,从而提升工作效率。

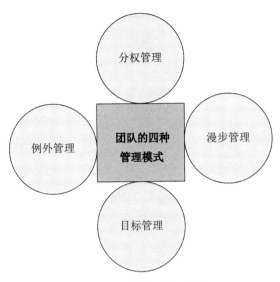

图 4-7 团队的四种管理模式

2)漫步管理

漫步管理,顾名思义就是管理者经常在团队的工作地点中"漫步",从而监督团队的工作进程。使用漫步管理模式的企业有利于管理者深入团队内部,并且第一时间获取重要信息。

3)目标管理

管理者为团队制定出明确的目标,而团队为了达到目标而不断做出努力,这就是目标管理。比如,管理者要求这个月的销售额要在原有基础上再增加10%,而团队为了完成目标,就会提出各自的销售方案,从而促进企业发展。

4)例外管理

例外管理与分权管理有一些相似的地方,但例外管理对于团队来说,权力会更大一些。例外管理是发生例外情况的时候,管理者才会行使其权力、做出决策。例外管理可以提高团队工作的积极性,促进团队的成长。

团队的管理模式会在很大程度上影响企业的发展情况,企业选择适合自身发展的管理模式,有助于管理者更好地管理团队,从而提高企业效益。因此,在商业计划书中展现出团队管理模式,其实是在向投资者表达这样的含义:我们的团队管理模式很好,可以促进企业不断发展,是有利于我们双方进行合作的。

4. 案例：马云为何能获得孙正义的 2000 万元融资资金？

在融资界都流传着一个传说：马云当初上个厕所碰到孙正义，聊了六分钟就拿到了 2000 万元的融资资金。乍一听都会觉得这是个传奇，然而事实真的是这样吗？

从马云的好友吴鹰口中，我们得知了不同版本的故事：马云当年去找孙正义投资的时候，其实已经在楼下等了整整两个小时。经过两个小时的等待，孙正义也只给了马云六分钟，让他把商业形式讲一下。马云在短短的六分钟内讲了多少内容我们不得而知，然而通过这六分钟，他拿到了 2000 万元的融资资金。

有人看到这儿，会觉得马云全是靠自己的聪明才智才获得融资。然而，具备"聪明才智"的马云，在获得第一笔资金之前，前前后后见过了 48 个投资机构，并且都被拒绝了。

马云获得投资的原因除了他聪明的商业头脑外，还有就是他兢兢业业、永不放弃的品质。有的人妄想在厕所随随便便就遇到个投资者，并且获得投资；有的人在见了一两个投资机构后就否认自己，认为自己的项目肯定行不通。相比于马云，创业者是不是应该好好思考一下问题出在哪里？

认为自己随意就可以获得投资的人，最后往往都被拒绝的比较多，原因就是对于自己的项目期待太高。每个投资者每天都要阅读大量的商业计划书，并且接触大量的项目线索。在成千上万的商业计划书中，投资者为何要选中你而不是其他的人呢？你的项目真的比别人的优秀很多吗？

也有不少创业者拿着商业计划书信心满满地去找投资者，最后却垂头丧气地离开。经过三五次这样的情况后，创业者开始对自己的项目失去信心。

如今融资极为困难，投资者一个比一个聪明，除了要准备优秀的商业计划书外，创业者还应该正确认清项目定位，同时具备百折不挠的精神，像马云一样去寻找第 49 个投资者。

四、营利模式：没有利润，一切都是空谈

对于投资者来说，商业计划书中展现出可观的盈利数值是致命的诱惑，可以

在一定程度上推动投资者对企业进行投资,这就需要营利模式在商业计划书中发挥重要作用。营利模式并不是一个确定的数值,但却可以反映出投资者从中获得的利润空间。

商业计划书中的利润空间不是随意就可以确定下来的数值,但是将企业的营利模式等因素作为参考依据,利润空间的可信程度就会有所提高。因此,营利模式完全可以成为投资者判断商业计划书的要素之一。

1. 八种常见营利模式,总有一种适合你

盈利是企业与投资者的最终目标,而如何盈利就是企业需要认真思考的问题,也就是说,企业通过什么营利模式才能达到盈利的目的。

营利模式是企业在经营要素中识别出盈利机会的一系列系统措施,贯穿了企业经营的所有步骤。另外,还有的人认为营利模式是企业通过整合自身资源,从而获取更大利益的发展模式。但无论如何,企业选择了正确的营利模式,对企业来说有百利而无一害。常见的营利模式可分为八种,如图4-8所示。

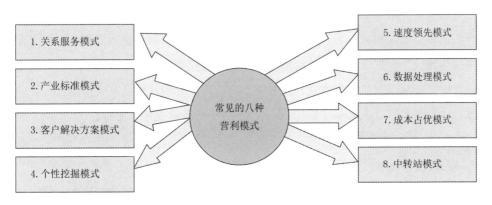

图4-8 八种常见的营利模式

1)关系服务模式

企业与客户建立一种长期稳定的关系,从而获取利益的模式就是关系服务模式。在这个资源共享的时代,关系服务模式的核心在于为客户提供周到的服务、物美价廉的商品,从而获得客户的认可。

如果企业采取了关系服务模式,那么在商业计划书的介绍中,企业就要突出其与客户之间的需求关系,特别是客户的认可程度,从而提高获得投资的概率。

毕竟在这个营利模式中，用户的认可程度越高，赢利能力也就越强。

2）产业标准模式

产业标准模式就是通过制定产业标准，从而提升竞争力并获得盈利的模式，比如手机行业中的苹果、网购行业中的淘宝等。当然，现代世界高速发展，产业标准也在迅速变化，所以企业必须时刻关注市场变化，及时为产品更新换代，以确保自己的地位。如果企业采取产业标准模式作为营利模式，在商业计划书的介绍中充分突出自己在行业中的地位即可。

3）客户解决方案模式

如今客户需求也在不断变化，企业只能随着客户需求的变化而不断提出相应的解决方案，从而获得客户的青睐，这就是客户解决方案模式。客户解决方案模式立足点就是为客户解决问题，比如知乎。企业采取这种营利模式，在商业计划书中应该突出针对客户的问题，企业是如何提供相应的解决方案的。

4）个性挖掘模式

个性化已经成为这个时代的一个新标签，而为客户提供个性服务也成了不少企业的选择。随着经济水平的提高，人们越来越希望能够得到独特的周到服务，而挖掘客户个性需求、为客户提供个性化服务并获得盈利的企业，就是采取了个性挖掘模式。个性挖掘模式的特殊性要求客户规模要达到一定的数量，才有机会建立壁垒，减少竞争。在商业计划书中，企业可以介绍其满足了客户的哪一类需求，这类需求的市场规模有多大，是否达到提升行业壁垒的水平等。

5）速度领先模式

在武侠小说中常见的一句话是："天下武功，唯快不破。"在竞争加剧的时代，速度的重要性不言而喻。速度领先模式是企业依靠对客户敏锐的洞察力，敏锐地察觉到客户需求的变化，从而做出比其他客户更为迅速的反应，并拔得头筹。

企业采取速度领先模式作为营利模式，就要在商业计划书中把重点放在速度上，充分展示出企业对客户需求的高度敏感状态。

6）数据处理模式

数据处理模式对于企业来说十分有利，因为它主要依靠数字技术为客户提供有针对性的解决措施，可以帮助企业降低成本，还能提高工作效率。但是使用数据处理模式的企业必须要有一个数据库，并且这个数据库要具备强大的处理能力，否则不能充分保证给用户提供相应的服务。

一般来说，投资者都会对采用这种营利模式的企业另眼相看，因为数据处理模式的数据库必须要依靠技术人才才能建立和维护，只有高质量、精技术的顶尖人才才能充分保障其运行。因此，企业在商业计划书中只需要展现出人才优势，就足以吸引投资者。

7）成本占优模式

成本占优模式是指企业在经营过程中对资源进行整合、分配，从而达到降低成本目的的营利模式。很多人认为成本占优在如今科技当道的时代已经不占据优势，然而普遍看法是，当今产业的发展，成本占优在不少企业中仍扮演着重要角色。在商业计划书中介绍成本占优模式，企业只需要介绍质量管理、资源整合等方面的成本优势，并且介绍通过这个营利模式，企业与其他企业之间的成本差距是多少。

8）中转站模式

如今随处可见的快递行业便是中转站模式的最佳代言人，中转站模式将企业与客户联系起来，并且负责双方的部分沟通，从而节省双方时间，并从中获取利润。

在商业计划书中，企业要展现出其强大的中转站，因为中转站的中转能力关系着客户的满意度，中转能力越好，能够带给企业和投资者的利益就会越多。

企业的营利模式在一定程度上能够代表给投资者带来的利益，因此商业计划书中不能缺少这一部分。而企业也应该在商业计划书中展现最适合自己的营利模式，而不是跟风去采用千篇一律的类型。每个企业的发展情况都不一样，因此企业必须根据自身情况，从以上八种营利模式中选择最适合自己的那一款。

2.阐述盈利预期，这是投资人关心的点

营利模式是企业向投资者展示盈利的方式，但是能够盈利多少，才是投资者真正关心的问题。项目盈利预测是企业对项目在未来可获利润进行科学的预测，从而作为投资者做出投资建议的参考依据。因此，在商业计划书中，阐述盈利预期又是必不可少的内容。项目盈利预测不能保守，更不能夸大，否则容易造成反效果。

对于一般情况而言，盈利预期包括三个部分，即假设、预测财务报表以及预测结果，但是每一部分又可细分下来，总体情况如图4-9所示。

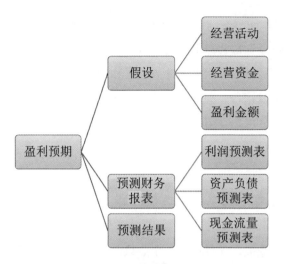

图 4-9 盈利预期所包含的内容

在盈利预期的三个部分中，投资者最在意预测财务报表，因此在商业计划书中，企业应该重点介绍预测财务报表部分。利润表主要是对企业月度、季度以及年度的财务状况进行描述，但是想要制作一份完整的利润表，销售额、成本费用、毛利润率都是不可或缺的重要数据。也正因为如此，在商业计划书中想要描述一份完整的利润表是不太可能的，因为在融资阶段，企业项目还没有实现，并没有大量利润可言。但是企业可以对利润表进行预测，从而列入商业计划书中。

资产负债预测表一般负责预测月末、季末、年末等时间段的资产、负债和资本的情况，同样是投资者非常关心的内容。

有的人会认为现金流量预测表是后期附表，并不重要。其实不然，现金流量预测表的工作十分复杂，需要投入大量人力进行预测，稍有不慎，这份商业计划书就等于作废。

而在商业计划书中，盈利预期的三个部分并不需要全部做成表格并展现出来，企业可以选择适合自身发展的报表加入到商业计划书中。然而，预测财务报表的利润预测表、资产负债预测表以及现金流量预测表三个部分在商业计划书中都是必须要表现出来的。

3. 使营利模式落地，别总是说空话

什么样的商业计划书最能吸引投资者？当然是项目的营利模式可落地，可以

实现变现的商业计划书。一个项目能够获得多少利润是非常重要的，而能不能使营利模式落地在投资者眼里也同样重要。投资者对项目进行投资，主要是为了获得利润，如果企业的项目只是预测得好，却迟迟不落地，那就是一场空话，从而导致投资者的投资不仅没有获益，甚至连成本都没有收回来。因此，从自身利益考虑，投资者是不会考虑营利模式没有落地方案的企业的。

但不同的企业营利模式也不同，其落地难度自然也不同。有的企业选择合适的营利模式后确实可以轻松实现落地，但也有的企业高估了自家项目的营利模式的落地情况，从而导致项目久久没有进展。为了避免企业在不清楚自身状况就对投资者夸夸其谈的状况，企业应该对自身项目的难度系数做一个评估，从而确保项目能够顺利落地。评估企业营利模式落地难度系数主要从四个方面进行，如图 4-10 所示。

图 4-10　评估企业营利模式落地难度系数的四个方面

企业根据这四方面内容对营利模式进行评估，如果营利模式的落地难度较低，那么企业在商业计划书中可以大胆地说出自己的计划，并努力将其实现。而这四点因素可以作为商业计划书中的内容，企业在商业计划书中做出相应的介绍，投资者在浏览商业计划书的过程中，同样可以根据这四个要素的介绍对营利模式的落地难度系数做出相应的判断。

在商业计划书中，营利模式落地这一部分也可以不用单独列出，而是让投资者根据图 4-10 中的四点要素进行判断。因此，企业在安排商业计划书中的内容时，可以将以上四点内容充分展示出来，让投资者感到这个项目的营利模式是可以落地的，从细节之处打动投资者。

4.案例：2017年，酷骑单车欠债5亿元，CEO高唯伟再难谈融资

酷骑单车在2016年创立，直到出现危机，最后被收购，总共也不过才经历了10个月。2016年11月到2017年3月，是酷骑单车从0到1的过程，并且在这期间推出了酷奇的1.0版本，并立即在市场上投放了10多万辆。随后酷奇推出的黄金单车一炮走红，带给酷骑大量的曝光率，迅速被消费者熟知，于是酷骑开始大范围投放黄金单车，总投放量达到140多万辆。然而，也正是因为扩张过快，酷骑单车开始迎来了危机。

2017年8月，酷骑单车出现退押金迟缓的问题，后来事态逐渐扩大，演变成用户恐慌性挤兑，将酷骑单车推到了风口浪尖上，酷骑单车站在生死存亡的一线之间。在危机爆发后，酷骑单车欠款高达5亿元，一方面是用户押金，另一方面是供应商欠款，但是酷骑单车账面上的资金只有5000多万元，其中包括被微信冻结的4000万元。

无序扩张、挪用用户押金、管理层人事大换血等事件的发生，无一不是造成酷骑单车出现问题的重要因素。为了解除危机，从2017年7月开始，高唯伟开始寻求投资意向。高唯伟透露，他私下曾亲自与共享单车的两大巨头——ofo、摩拜的创始人进行沟通与交流，想让其接手酷骑单车，然而事与愿违，两位创始人都拒绝了。除此之外，高唯伟在上海抱着最大的希望想要进行融资时，酷骑单车最大的股东决定罢免其CEO职位，高唯伟面临的局面更是雪上加霜。

融资不利、战略不当、竞争不正当等因素，造成了酷骑单车面临的巨大危机，而用户们恐慌性的押金挤兑成为压死骆驼的最后一根稻草。在当时，没有投资机构敢投酷骑单车一分钱。

高唯伟曾经在采访中说道："如果没有出现目前的危机，我们接下来可能就是3~8的阶段，我们配置共享雨伞的第四代单车的样车都已经做好了，但目前资金不够，没法投入生产。"高唯伟的梦想没有实现，但酷骑单车发展到如今的局面，高唯伟责无旁贷，今后想要再次创业，获得投资的可能性也不大。

五、营销策略：展现战略部署，给投资人一份信心

1.市场营销策略：销售方案"做地图"，产品更好卖

市场营销策略简单来说就是如何将产品更好地卖到客户手中，重点在于在产品上市前对市场做出分析，从而制定出营销策略。企业做市场营销策略，就像是做地图一样，应该要规划好每一步方案，让每一个步骤都可以有序进行。一般来说，企业在商业计划书中展示市场营销策略，主要就是展示做市场营销的三个步骤，如图4-11所示。

图4-11 市场营销策略的三个步骤

1）分析市场的相关信息

市场上的产品目前是什么样的状况？竞争者的产品销量等情况又如何？客户对于这种产品的需求是什么？这些内容都是企业需要重点调查过后才能得知信息，从而确定下来营销目标，并且制订长期计划。一般来说，分析市场相关信息包括收集信息、分析特点、做出评价、选择突破口、做出总结等内容。

2）根据信息提出细分策略

对于还处于融资阶段的企业来说，特别是初创企业，他们往往还没有足够的能力对整个市场进行营销，因此调查信息选择细分产品市场其实是一个不错的突破口。在商业计划书中，企业可以向投资者展示出细分市场的特点、需求以及竞争情况，可以有效加大融资胜算。

3）完成市场营销策略

将细分策略组合起来，可以完成一个完整的市场营销战略。因此，在商业计

划书的展示中，企业应该将产品质量、广告、营销渠道等内容进行优化说明。

打造一个完整的市场营销策略看似只有三个步骤，然而企业真正做起来并不容易，像市场调查就需要花费大量的时间和人力，做起来烦琐且复杂。因此，企业在商业计划书中展示市场营销策略，在细节方面一定要把握好。

2.竞争营销策略：适者生存，活下来的是最强者

生活无处不竞争，企业也必然面临着竞争对手。企业与竞争对手之间经常抢占市场资源，自身发展也会受到阻碍，只有不断升级自己，才能在残酷的市场竞争中生存下来，因此要做出竞争营销策略。竞争营销策略就是通过市场调查后，对竞争对手的产品做出分析并进行对比，从而生产出差异化的产品，在产品营销中更胜一筹。在商业计划书中，企业需要展示给投资者看的竞争营销内容同样分为三步，如图 4-12 所示。

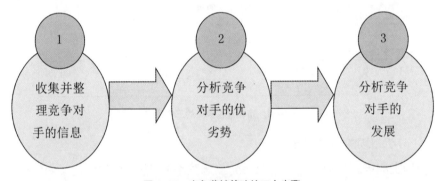

图 4-12　竞争营销策略的三个步骤

1）收集并整理竞争对手的信息

收集信息是一件比较麻烦的事情，需要企业付出大量的人力、时间才能完成。为了提高企业收集信息的效率，在此给企业提出了十大收集竞争对手信息的来源，如图 4-13 所示。

2）分析竞争对手的优劣势

将收集来的信息做出分析，并且总结出竞争对手的优势与劣势，从而发现差异，完善企业发展。为了能够从大量信息中找出有效信息，企业可以对竞争对手的销售额、市场份额、现金流量、创新投资等内容进行分析和比较，以有效地指导企业发展。

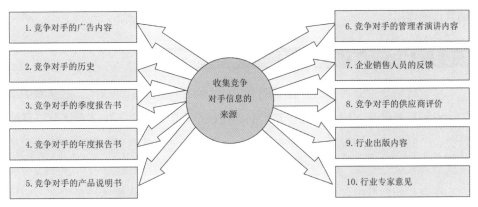

图 4-13 收集竞争对手信息的来源

3)分析竞争对手的发展

企业分析竞争对手的发展内容,其实能够让企业的发展占据制高点,从而在产品竞争中先发制人。很多企业在商业计划书中都不重视这一点内容,然而准确预测竞争对手的发展信息,给企业带来的利益是无限大的,投资者同样希望看到这些内容。

需要注意的是,在向投资者展现竞争营销策略时,企业不得夸大内容,哪怕自己不如竞争对手,也应该如实展现出来,否则一旦被发现,企业融资之路就走到尽头了。

3.产品促销策略:扩大销售战果,盈利才更靠谱

很多人都觉得,产品促销很不"高大上",听起来会让自己的产品感觉很"廉价",就像自己的产品是卖不出去才要促销一样。其实不然,产品促销只是为了更好地提高销量,像服装行业、手机数码、家居行业等,采用产品促销是非常常见的,并且通常能够取得不错的效果。

企业在商业计划书中可以根据产品的特性制定不同的促销手段,比如服装行业可以"买二送一",手机数码"满5000减300",家居行业"免费送上门"等。而在商业计划书中,企业就可以根据自己所制定的促销手段进行详细的展示。企业要从全面性的角度出发,并对产品的促销手段内容进行解说。

在促销活动中,时间地点、主题意义、面向对象、流程安排以及预期效果等内容,都应该在商业计划书中有所体现,让投资者从中判断企业的促销手段是否能够起

到真正的作用。

4.广告营销策略：打响知名度，产品销路不用愁

广告营销是企业常用的一种营销方式，人们在电视上、地铁上、朋友圈中经常会看到广告信息。因为消费者对产品的接触是有限的，并不能充分了解产品的特性，产品在这种情况下也很难销售出去。而企业通过广告对产品进行宣传，产品就会为大众所熟知，从而增强知名度及影响力，消费者数量也因此而提升。

在商业计划书中，企业如果想要将自己的广告营销策略传达给投资者，应该将三个方面的内容表达出来，如图4-14所示。

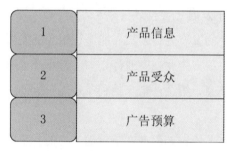

图4-14　广告营销策略的三点展示内容

这个产品是什么？主要用来做什么？主要针对哪些消费人群？做这个广告需要花费多少钱？这些内容都是需要企业认真考虑的，从而将其简化在商业计划书中展现出来，让投资者判断这一策略的可行性。

比如，在某家儿童玩具企业的商业计划书中，其对于最新研究出来的产品受众信息描述是这样的：

××产品为了提升儿童的综合能力而研发，虽然使用者是儿童，但真正的购买者却是家长。由于××产品的研发成本较高，且功能较全面，目前的目标受众是孩子在5~12岁、受过良好教育、收入较高的家长们。因此，××产品既要符合儿童的需求，同时也要投家长所好。

5.价格策略：给你一个支点，你能撬动整个用户需求

价格战略是指企业为了达到营销目的，根据产品的成本和目标人群的接受能力，制定出吸引消费者的价格的策略。价格策略要求企业在经过充分调查研究的

基础上，同时保证企业和消费者的利益而制定，并且还要根据市场需求而不断地做出调整。

给企业产品制定合理的价格能够有效地增加产品的销量，否则就会造成反效果。就像一支笔，在没有任何特殊功能的情况下，无缘无故定价为10000元，想必很难有消费者能够接受它，又何来销量呢？因此，给产品制定价格需要经过合理规划，选择最合适的产品价格。一般情况下，产品定价的方法有三种，如图4-15所示。

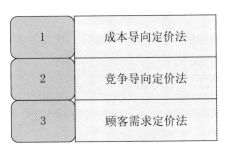

图4-15　产品定价的方法

1）成本导向定价法

成本导向定价法是国内外企业最常用的一种定价法，它是在产品成本加上预期利润的基础上进行定价的。在国内，成本导向定价法的最佳代言人就是小米。小米手机会将手机生产、营销等环节所需的成本逐一计算，最后列出总成本，并在此基础上进行定价。如果在商业计划书中展现这一种计算方法，企业应该简单介绍，让投资者一目了然。

2）竞争导向定价法

企业通过调查竞争对手的产品内容、产品价格、服务情况等，并且结合企业自身实力、产品成本以及市场需求从而制定出来的价格，就是竞争导向定价法。如今企业之间竞争越来越激烈，通过竞争导向定价法，有利于提高企业竞争力，提升产品销售额。

3）顾客需求定价法

顾客需求定价法，又名市场导向定价法或者需求导向定价法，主要是以消费者为核心，通过调查消费者的喜好、市场的供求等情况而进行定价的方法。企业使用这种方法定价，只有把握好消费者的需求，才能制定出大众所接受的产品价格，从而受到大众欢迎。

产品价格和定价能够在一定程度上影响产品销量,而产品销量又是与投资者的利益息息相关的。因此,在商业计划书中将产品的定价和定价方法合理地展现给投资者看,让投资者清晰了解产品的价格是科学合理的。

6. 渠道策略：挖通渠道，让产品销售更顺畅

产品从生产制造到消费者手中需要经过不少环节,如果企业能够减少这些环节,那么对企业、对消费者来说,都是一大喜事,而渠道策略正好就可以起到这个作用。渠道策略是营销中不可或缺的一部分,将其发挥得当,可以加快产品到消费者手中的速度,从而降低企业成本,提高企业竞争力。

渠道营销就是企业为产品营销而制定出合理的渠道,同时还可以影响企业的其他决策,比如产品的定价等。因此,在商业计划书中,企业要把渠道营销作为重点内容来进行解说。企业选择渠道营销,可以根据不同性质、情况、竞争能力等做出选择,既可以选择单一的,也可以选择多类型的,还可以选择直接的,或者是间接的……无论如何,要将其正确选择并且列入商业计划书中,让投资者了解这一项内容的具体情况。

那么企业应该如何选择渠道并制作出策略呢？比如你是一家电器企业,自身管理能力较差,市场经验不足,但是产品质量却很好,那么你就可以选择国美、苏宁等作为营销渠道,可以在一定程度上提高产品知名度,保障产品的销量,从而提高企业效益。

需要注意的是,就目前市场发展状况来看,越来越多的企业倾向于垂直营销渠道。垂直营销渠道也是渠道策略中的一种选择,在近年来发展迅猛,与之相对的是传统营销渠道。在传统营销渠道中,产品到达消费者手中要经过层层中间商,并且每一层都是独立的个体,只会考虑如何将利益最大化,产品最终到达消费者手中时,其价格已远远超过原本的价值,损害了消费者的利益。与之不同的是,垂直营销渠道虽然同样拥有中间环节,但它们是相互连接的统一体,企业可以对渠道进行有效把控,消费者的利益也得到了保障。

但是无论企业选择哪一种渠道,只要其选择的渠道与产品性质相符合,那么产品的销售就会更加顺利,盈利自然就多了起来。试问,在商业计划书中,哪一

位投资者不想看到盈利多的项目呢？

7. 推广策略：互联网时代，给自己的产品一个"置顶帖"

如果去百度贴吧看一眼，大家会发现最醒目的帖子永远都是"置顶帖"，大家想忽略都忽略不了。换位一下，如果企业的产品也像"置顶帖"一样，是不是就更容易受到关注呢？

如今科技当道，营销渠道越来越多，互联网时代为产品推广又多添了几分可能性。互联网在营销推广中越来越重要，淘宝每年"双十一"的战绩屡创新高，互联网推广的效果可见一斑。互联网营销的方法很多，像刚刚说的百度贴吧的"置顶帖"，还有微信公众号中的自媒体，又或者是在知名APP进行营销，这些方式都可以很好地推广企业产品。

但最容易被接受的可能是当今的自媒体了。自媒体是最近几年才发展起来的媒体形式，最常用的推广方式就是软文，很多用户对于软文营销都比较容易接受。除此之外，自媒体一般都有着大量的簇拥者，有利于产品的推广和营销，这也就是为什么众多企业选择知名自媒体进行推广的原因。

企业可以根据自己的实力和受众选择推广方式，像自媒体的目标人群就更适合年轻人。企业在选择自己合适的推广渠道后，应该如何在商业计划书中体现出来呢？下面我们通过一则例子给大家演示一下。

某出版企业在商业计划书中可以这样介绍自己在互联网上的营销渠道：在线上营销渠道中，我们企业出版的书在当当、京东、亚马逊中都有销售，在当当中的关于《××的营销》一书更是做到了同类书籍的第一名。我们企业出版的书籍年平均销售量达到了50万本，总销售额达到2500万元，总利润接近1000万元。

在这个商业计划书中，企业对于互联网营销的介绍虽然精简，但都是用真实的数据来增加产品收益的直观性，比较容易获得企业的青睐。因此，在介绍互联网营销这方面的技巧时，其实可以说明企业产品通过哪些互联网渠道进行销售，并且加上主要营销渠道中的销售量、销售金额，从而引起投资者的注意。

8. 案例：社交电商云集日前刚获得 1.2 亿美元 B 轮融资

2018 年 4 月 23 日，社交电商云集宣布其 B 轮融资已经完成，并且在此次融资中获得了 1.2 亿美元的投资。云集在 2015 年上线，在短短三年内获得如此成就，与当今的互联网时代不无关系。

云集 B 轮融资得以成功，与其商业模式息息相关。云集在 B 轮融资中由鼎晖投资进行领投，对此，鼎晖投资合伙人应伟认为，社会商品零售总额每年都在不断增长，而电商新零售在 2018 年占比将会达到 20%。与电商新零售相对应的是，传统电商增速有所降低，而传统零售占比逐渐下降。也正因为如此，鼎晖投资才会密切关注电商新零售的动向，选择能让用户更满意的新电商平台。

在这个背景下，云集应运而生。在投资过程中，鼎晖投资对云集进行了尽职调查，发现云集的商业模式让他们感到耳目一新。如果说淘宝、京东等电商平台的能力能让十万条商业街没落，那么云集的出现就是反其道而行，能让这十万条商业街重新崛起。通过云集这一平台，那些因为电商的崛起而失去竞争力的导购员，可以得到新的职业机会。

云集店主的构成主要是通过三类群体，其中一类就是传统商业街中的众多导购员。除此之外，家庭"宝妈"、中小分销卖家是另外两类群体。根据相关数据调查显示，新生儿出生后，"宝妈"至少要花费三年时间对其进行抚养，她们急需通过一个平台创造自我价值。而中小分销卖家在直营趋势越来越明显后，渐渐失去了价格、物流等方面的竞争优势，迫切需要转型来维持发展。

这三类群体规模数量大，并且迫切需要得到改变，而云集就为他们提供了这样的一个平台。截至 2018 年，云集的店主达到了 300 多万，在短短三年时间内达到这一数量，可见其未来市场规模前景巨大。

六、财务分析：理论上的憧憬，是数字与资金上的信心

在商业计划书中，财务分析可谓是投资者最关心的内容，同时也是企业需要花费时间和精力最多才能制作完整的一个部分。财务分析需要对大量数据进行统

计与分析，从而让投资者通过数字了解企业当前的财务状况以及未来的发展情况。因此，企业在商业计划书中给投资者制作出优秀的财务理论，其实就是加强投资者信心。

1. 财务模型：随着时间进行收入及成本走向的预测

财务模型就是企业将各种信息进行整合，从而预测与评估企业的财务绩效。企业建立财务模型时，要把任何与企业前景有关的因素都考虑进来，比如销售额、利润率、负债情况等。企业的财务模型是投资者决定是否投资的重点指标，投资者可以根据财务模型判断转化为具备操作性的数据，像未来的现金流、预期收入等，从而决定是否投资该企业。

企业的财务模型可根据时间线的线索而建立，从企业历史的财务绩效做出全面分析，从而得出在过去的时间中，影响财务绩效的主要因素、影响方式等内容，并进行完善。在此之后，企业可以根据现有的发展规划、外界环境变化等进行预测，并制定出相应表格以供参考。当把企业这两个阶段的内容都完成后，企业就可以根据各类估值参数建立财务模型。

企业的财务模型主要是对企业成本以及收入的走向进行预测，收入与投资者的利益息息相关，投资者自然不会忽视这一要素。而在财务模型中的成本走向，必要的成本不能少，然而与利润增长无关的成本自然是越少越好。因此，初创企业应当将成本保持在一个较低且比较合理的水平，并将其列入商业计划书中，成为漂亮的加分项。

对于初创企业来说，在毫无经验的情况下建立财务模型是比较有难度的，不仅要花费大量时间和精力，更有可能造成闭门造车的情况。因此，初创企业建立财务模型，其实可以借鉴其他企业的财务模型，为企业自身提供有效的参考依据。

如今互联网上有着大量的财务模型的模板，但是，不可直接复制粘贴、盲目使用，而是要根据企业性质做出选择。在一般情况下，投资者希望看到的财务模型包括五个方面的内容，如图4-16所示。

图4-16的五项内容是企业在建立财务模型时必不可缺的五个因素，特别是在全局建议中，企业应当说明财务模型与未来真实数据可能会出现什么样的误差，从而让投资者注意到关键要素。

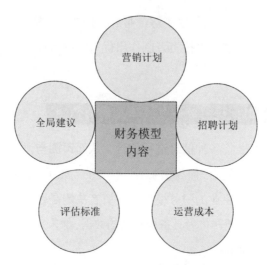

图 4-16 投资者希望看到的财务模型的五方面内容

2.投资人关心的财务问题:是在担心能否持续为自己创造财富

在商业计划书中,财务的各项内容都是重中之重,因为财务就是投资者关心的主要问题。投资者关心财务自然是应该的,但对于不同的财务问题,投资者的关心程度也有差别,像企业产品或者项目是否能够持续为其创造收益,就是与其息息相关的内容,投资者自然希望在商业计划书中看到相应的介绍。

投资者投资的主要目的就是盈利,一般来说,企业的产品或项目大多数都是前期亏损,后期持续盈利。然而有的企业恰恰相反,前期虽有盈利,但后期却停滞发展,甚至因为种种原因出现亏损。因此,企业产品或项目的持续盈利能力也是投资者重点关心的内容,在商业计划书中必须体现出来。通常来说,在介绍企业的财务状况时,可以从以下六点内容对产品或项目的持续盈利性做出介绍。

(1)企业在最近三年来持续盈利,没有出现收益停滞或是负增长的情况。

(2)企业发展方向正确,且科学制定营利模式,盈利来源较为稳定。

(3)企业目前的产品或项目的发展前景广阔,能够实现可持续发展。对于一些可预计的不利于项目发展的因素,企业都制定了相应措施做好应变准备。

(4)企业管理层的核心人员以及重要技术人员都相对稳定,短期内不会进行人员大幅度调动以影响产品或项目的发展。

(5)企业的资产、技术等都是合理合法正当获取的,可以实现持续利用,短期内不会出现重大变动。

（6）企业内部、协议、知识产权等内容都不存在重大法律隐患，不会对企业的盈利造成影响。

除此之外，企业的每一笔钱有没有花在刀刃上、是否有过重大负债、是否做过资本抽逃的行为等，都是投资者关心的问题，企业可以根据自身情况做出简要描述。投资者会根据商业计划书中企业所给出的信息来判断产品或项目是否能够持续地为自己创造财富，只要表达得当，投资者根据这些衡量标准会相信企业项目可以实现可持续性盈利的。

3. 财务计划：表明商业计划书在经济上确实可行的内容

财务计划是企业针对未来财务发展所拟定的方案，是投资者想要在商业计划书中看到的内容。企业进行财务规划需要结合市场状况、自身情况等因素，花费大量的时间与精力，从而拟定出符合企业正确发展的规划方案。

企业的财务计划关系着企业项目是否可行的问题，关系着投资者的投资是否会"竹篮打水——一场空"，自然而然成为投资者想要了解的内容。企业在商业计划书中展示财务计划前，要对接下来有可能会发生的变化做出预测，并且做出相应方案，不至于在事情真正到来之时手忙脚乱。要知道，做好财务计划，不仅仅能够增加融资胜算，还可以提升企业工作效率，从而促进企业发展。

财务计划在商业计划书中占据了那么重要的地位，那么应该在商业计划书中如何展现出来呢？一般来说，商业计划书中展现的财务计划包括四点内容，分别是营销预测、预测报表、资金需要量预测以及追加变量，下面分别给大家介绍一下这四点内容。

1）营销预测

产品营销会受到多种营销因素的影响。企业想要准确无误地预测出销售量是有难度的。但却不可以因为有难度而放弃这一块内容，企业根据各方面因素做出科学合理的预测，即便结果有误差，投资者也可以接受。

2）预测报表

在前面介绍中，我们提到过预测报表必不可缺的预计负债表、预计利润表和预计现金流量表三个表格，在此不再赘述。

3）资金需要量预测

资金需要量预测是企业融资的基础，企业想要进行融资，首先要推测资金需要量。资金需要量预测是因为企业需要生产和经营，对未来所需资金进行评估和分析，从而推测出来的一个数值。图4-17所示是某企业在商业计划书中所展示的部分资金需要量预测，可供大家参考。

◇ 启动资金
在第一批融资中必须使公司获得足够的启动资金，我们预测启动资金为350万元人民币，包括220万元固定资产投入与50万元营运资金。
1. 固定资产投入：共220万元
   生产设备：80万元
   办公设备：10万元
   车辆：30万元
   厂房：100万元
2. 无形资产：共20万元
   设计专利：20万元
3. 流动资产：共110万元
   原材料采购费：78万元
   日常支出：32万元

图4-17　某企业在商业计划书中所展示的部分资金需要量预测

4）追加变量

预测不一定准确，为了避免出现资金不足的情况，企业可在财务计划中追加变量。如果在发展后期发现资金不足，企业可以及时获得投资者追加的资金。

以上四点内容仅供企业参考，并不需要一一将其列入商业计划书中，而是可以根据企业自身情况进行规划。虽说不需要全部展示出来，但是在制作过程中却要认真对待财务计划这一项内容。为此，企业选择知识到位、经验丰富的专业人士来拟订财务计划，可以有效保障财务计划的质量。

4. 编制财务计划：谨慎保守一点比较好

编制财务计划的方式有很多，但常见的一般有四种。

1）稳定型编制

稳定型编制是企业根据市场调查，确定经营情况稳定而突出的财务计划方式，适合在市场无波澜或者是行业波动不大的企业使用。

2）变化型编制

就像前文提到的，预测不一定准确，意外情况随时有可能发生，特别是对于一些行业市场波动较大的企业来说，变化型编制就是为其量身定做的方式，方便企业发展伸缩自如。

3）持续型编制

持续型编制就像是体育运动赛中的 800 米接力比赛，是指企业将计划分为多个内容，而每个内容互相衔接，通过持续性接力而完成的编制方法。

4）空白型编制

空白型编制做法比较大胆，它不以企业现有的基础作为参考依据，而是从零开始将企业信息整合起来，并成为新的一套财务计划。这一编制方法风险较大，但如果做好了，所获得的效果也比较好。

在不同的编制方法中，企业应该根据自己的实际需求选择最合适自己的方式。有的企业发展平稳，那么稳定型编制就比较适合它；有的企业发展速度飞快，变数较大，变化型编制自然而然是最适合的方法。

但是无论企业处于发展的哪一个阶段、选择哪一种编制方式，财务计划的内容最好谨慎保守一些，给投资者一个稳定的好印象。可能有的企业认为，如今时代发展条件这么好，谨慎保守又怎么能证明自己大胆创新的想法呢？然而，财务内容烦琐复杂，在编制过程中一旦出现差错，结果有可能大相径庭。因此，谨慎保守只是对于财务计划而言，与企业整体的想法并无牵扯。

5. 案例：梨视频获得 A 轮融资 6.17 亿元，由腾讯领投，百度等跟投

2018 年，不少玩新浪微博的年轻人在刷微博热搜时，三天两头出现一个年轻人感兴趣的话题，点进去一看，会发现大多数都是梨视频的杰作。而在此之前，梨视频出现的频率相对来说低调得多，如此大的转变，与其在 2018 年进行融资不无关系。

2018 年 4 月 16 日，短视频平台梨视频宣布完成 A 轮融资。梨视频在 A 轮融资中获得了由腾讯领投、百度等跟投的 6.17 亿元人民币，并且打算在融资之后，进一步完善资讯短视频的商业模型。

梨视频在创业之初就获得了众多投资者投资的 5 亿元人民币的创业资金，其中以黎瑞刚为代表的华人文化占股 70%。而在 2017 年 11 月，梨视频完成 1.67 亿

元人民币的 Pre A 轮融资，这次是由人民网旗下基金对其进行独投。

梨视频的融资相比于不少初创企业来说，可谓是顺风顺水，这与其创始人邱兵有着一定的关系。邱兵原为澎湃新闻的 CEO，2016 年 7 月，在其职业生涯到达顶峰之际，邱兵宣布离职，并在短短的三个月后将梨视频上线。

上线后的梨视频与传统资讯的商业模式不同，它以崭新的板块呈现在大家面前：梨视频很多视频的时长控制在 30 秒到 3 分钟之间，但每一个视频都力求展现新闻事件中的重点内容，只有少部分纪录片才会达到 10 分钟，但与传统资讯平台相比，时长仍是缩短了不少。

2017 年 2 月，梨视频突然进行转型，其视频内容从时政资讯、突发新闻转变为采访年轻人生活、思想等各方面，其自制内容广受年轻人的喜欢，用户从而得到迅速增长。

梨视频在自制内容的同时，还会给其他视频产品提供一个平台，像"罐头视频""微在涨姿势""钛媒体·在线"等都纷纷入驻梨视频。梨视频的团队大约为 250 人，技术人员占五分之一，但其拍客数量高达 3000 多人，并且分布在国内的每个区域甚至是国外。

在创业人数屡屡增加的时代，梨视频在短短三年内完成了三轮融资，发展历程可以说较为快速。在发展过程中其根据细分原则进行了转型，最后获得年轻人的肯定，可谓是一个经典案例。其后续如何，还是希望大家拭目以待。

七、融资需求：我投商业计划书就是为了这个，给我这些钱吧

企业不惜花费大量的时间和精力制作商业计划书，并不是为了纸上谈兵，四处找人谈理想谈抱负，而是为了达到融资的目的。企业融资就是为了获得资金，从而把钱花在刀刃上，促进企业的发展，从中获利。因此，企业的融资需求在商业计划书中是必不可缺的内容。

1. 阐述融资计划：说出钱用在哪里，然后伸手要钱

小孩子向父母要钱，无论是买文具还是买零食，都要向父母报备得清清楚楚。

同样的道理，企业就像是还不能完全实现资金自由的孩童，需要依靠投资者的力量才能成长。但是，投资者又不同于父母，可以在不要求得到回报的情况下无私奉献。投资者对企业进行投资的目的就是盈利，企业在商业计划书中体现出其融资需求，并详细解释所获得的投资将会用于哪些方面，让投资者感觉钱都花在了刀刃上，从而加大对企业投资的概率。

企业在商业计划书中可以先列出融资需求总额，让投资者有一个心理准备。接下来，企业可以展示这些资金在企业发展的各个阶段的用处，让投资者可以直观了解企业对于资金的需求量。当然，在这方面可以将重大用处讲述出来，像用钱买了几把办公椅、几支钢笔等内容完全可以忽略不计。下面我们通过图 4-18 看一下别人的商业计划书中是如何体现固定资产的使用的。

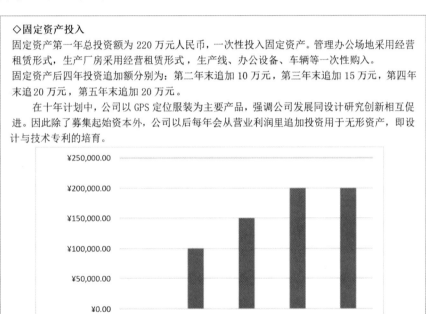

图 4-18　某企业在固定资产上的花费计划

企业在商业计划书中将资金的使用信息进行分段展示其实是非常有必要的，投资者其实更希望通过分段投资的方式对企业进行投资，从而可以充分了解前期资金的使用方式以及效果。

投资者直观了解企业需求以后，会对企业需求做出基本的判断，如果企业把投资资金都用在了刀刃上，自然容易获得投资者的认可，从而做出投资决策。当然，在这里需要注意的是，不是企业需求资金是多少，投资者就会给企业投资多少钱，而是投资者根据企业的商业计划书对企业进行估值，从而决定投入资金的多少。

2. 预期公司估值：了解自己，杜绝拍脑袋的估值

随着我国资本市场的发展，估值技术发生了不少变化，并且不再限于专业人员才能进行估值工作，很多企业家、高管、投资者都可以对企业进行估值。估值的主要对象就是进行融资的企业的真实价值，在商业计划书中，企业一般是以股权价值作为基础，对其进行直接评估或是用企业价值减去净债务价值，从而获得估值。企业估值的方式有很多，如图4-19所示。

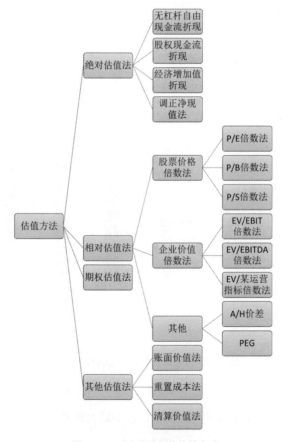

图4-19　对企业进行估值的方法

在众多评估方法中，企业应根据自身情况选择最适合自己的一款评估方式，从而可以深入了解企业的发展状况。需要注意的是，企业估值必须要经过仔细计算和评估才能得出结果，不能做出"拍脑袋"想出来的答案，否则会让投资者感到企业非常不专业。

在商业计划书中，优秀的评估价值方式能够为企业加分，有助于获得投资者的认可。要知道，投资者认可企业的评估价值就等于认可了企业财务管理的水平，而财务管理又是融资计划中极其重要的一环。正确评估企业价值有助于建立企业的美好形象，从而降低企业的融资难度，为企业获得发展提供良好的条件。

3. 公司股权结构：小心点，把出让股权的比例掌握好

我们先来看一个关于聚美优品创始人陈欧的案例。

陈欧在创立聚美优品时，曾经历过两次失败。陈欧的第一次的失败经历是他临近大学毕业时，他用自己的电脑开始着手创业。陈欧第一次的创业内容是一款在线游戏的平台，这个平台在陈欧的经营之下，很快就开始在年轻人中流行了起来，每天吸引大量的游戏玩家。随着使用人数的不断增多，这个游戏平台发展得很快。

然而，在游戏平台上升期间，陈欧被斯坦福大学录取，前往美国继续深造。为此，陈欧只能寻找职业经理人来帮他处理游戏平台的相关事务。陈欧为了能让职业经理人更好地处理公司事务，做了一个错误的决定：将平台40%的股权让给这个经理人。

陈欧在斯坦福学习期间，不断有投资者进驻了他的公司，陈欧的股权迅速下降，最后出让的股权超过了陈欧的持股数。陈欧就此失去了对企业的控制权，最后这个企业连名字都改了。

失败的原因有很多，从这一案例中，我们可以得知陈欧第一次创业失败的主要原因还是因为股权分配问题。陈欧将股权大幅度转让出去，从而导致自己失去了控制权。

在商业计划书中，股权分配同样也是投资者关注的问题。企业出让股权是否合理，在很大程度上会影响企业的运营。股权分配过多，就会像陈欧一样失去对企业的控制权；但如果分配太少，投资者又会感到不满意，不利于融资的进行。

4. 资金运营计划：接下来说一下如何使用这些钱

资金运营计划实际上就是企业对于融资得来的资金的使用计划，通过合理规划这些资金的使用地方，企业可以在最大程度上实现快速盈利，这同时也是投资者希望看到的。一般来说，在商业计划书中，企业介绍运营方案都是讲述在接下来的某段时间内，企业将会进行什么项目。比如，组建新团队的预计费用是多少？产品开发、营销、推广应该如何进行？其他方面的费用花销如何？这些问题都需要在资金运营计划中体现出来。在商业计划书中，企业可以从三个角度去阐述资金运营计划，如图 4-20 所示。

图 4-20 企业在商业计划书中体现资金运营计划的内容

1）资金的使用方案

企业介绍资金运营的第一步就是说明将投资得来的钱运用到什么地方，比如：花费多少去研发和生产产品？花多少进行市场推广？固定资产又应该使用多少？这些内容同样也是投资者感兴趣的。

2）资金使用的监督

资金的使用路径大概了解了，但是谁又敢保证一定会这样执行呢？因此，企业为了争取投资者的信任，可以将监督资金使用的方式列入商业计划书中，让投资者放心。

3）投资的收益评估

企业做的每一步都是为了获得更好的发展，从而获得利益。因此，企业每一个计划步骤能够达到什么样的效果，对于企业和投资者来说都是十分重要的。企业可以将资金投入产品后，能够获得多大市场、得到多少利润等问题做一个评估，以增强投资者投资的信心。

5.案例：2017年，滴滴出行共获融资95亿到105亿美元之间

2017年12月，滴滴宣布完成新一轮融资，资金超过40亿美元。事实上，滴滴在4月份的时候已经完成55亿美元的融资。在2017年，滴滴注入了两笔资本，共获融资95亿到105亿美元之间的资本。也许有人会认为，滴滴那么大的集团，获得融资多一点也是应该的。但是，大家不知道的是，滴滴此次融资的爆炸性不仅于此。

根据Renaissance Capital的报告显示，2017年，科技领域赴美IPO共有37起，融资总计高达99亿美元。与之相比，滴滴在2017年的总融资额其实已经超过赴美国想要上市的科技企业的IPO总额。滴滴身为一家还没有上市的企业，却获得如此巨额的投资，这无疑将滴滴的实力彰显得更加强大。

截至2018年，滴滴融资已经超过200亿美元。根据不完全统计，滴滴自2012年成立以来，在短短的5年中完成了16轮融资。前15轮融资总额高达168亿美元，大约有34个投资机构/投资个人涉及其中。滴滴在新一轮的投资中，投资方主要包括交通银行、招商银行、软银、银湖资本等，而前三家已经不是第一次投资滴滴了，但银湖资本却是新加进来的。

外界认为滴滴估值至少达到了500亿美元，滴滴并没有对此做出表态，但是滴滴在我国互联网出行企业中的地位，已经不言而喻。

新一轮的融资完成后，滴滴当天的市值赶超小米460亿美元的市值，与京东600亿美元的市值相差不远，距离百度810亿美元的市值虽然还有一段距离，但也已在望。滴滴正在飞速地往前发展，发展速度是众多企业可望而不可即的。滴滴强大的融资能力在资本创投史上必然会留下浓墨重彩的一笔，而众多企业也应该向滴滴看齐，从中学习滴滴优秀的融资方式。

滴滴在后来接受采访时，表示打算将新一轮融资超过40亿美元的资金用于三个方向：一是加速AI交通技术的发展，二是推进滴滴走向国际化，三是拓展新能源汽车服务等创新业务。

八、风险问题：创业有风险，投资需谨慎

企业的风险是指某些危险因素导致企业在生产经营的过程中造成损失，通常以多种形式存在于企业的不同领域之中。企业风险对企业的发展来说影响巨大，只有对其进行全面评估，才有机会找出风险并进行规避。

在商业计划书中，企业不能只向投资者展示企业良好的一面，像企业风险等问题也同样需要展示出来给投资者看到，从而让投资者对企业的风险问题有一个全面的了解。

1. 风险因素千千万，失败风险时刻围绕在身边

企业想要充分了解自己身边的危险，就要对造成风险的因素有所了解。一般情况下，企业所面临的风险因素包括战略风险、财务风险以及商业风险。下面为大家详细介绍一下企业身边的这些风险因素都是怎样的。

1）战略风险

企业在制定发展战略时也会面临风险，通常对发展战略造成负面影响的事件就是战略风险。战略风险的诱因有很多，因此只要是关于企业的发展战略，比如产品研发、产品竞争、企业收购合并等，都有可能会面临战略风险。

2）财务风险

在企业有可能丧失偿债能力的情况下，股东权益也会有所改变，这就造成了财务风险。企业的财务风险又可以通过三个方面体现出来，分别是偿债风险、流动性风险和商业风险。

（1）偿债风险。

如今很多企业选择的经营方式都是负债经营，但是当企业的债务以及利息越来越多，其总资产水平已经远跟不上，就会丧失偿债能力从而造成财务危机，最后甚至是导致企业破产。

（2）流动性风险。

企业的流动性是指资金流动，同时也是企业运营活力的源泉，企业日常运转

基本上都是依靠其流动性来维持。企业的流动性风险又包括了融资性流动风险、市场性流动风险以及收益分配风险，具体如图4-21所示。

融资性流动风险	企业在融资时没有获得足够的资金从而造成的风险，就是融资性流动风险。融资不足很有可能会诱发偿债风险，从而导致企业破产。
市场性流动风险	如果企业想把所有资产变现，那么低价出售是必然的事，而所损失的价值就是市场流动性风险。市场流动性风险可以通过流动比率、速动比率来进行判断，在正常情况下，企业的流动比率应该是1.5~2.0，速动比率是0.8~1.0，这两个数值越低，那么市场流动性风险的风险越高，企业就应该及时采取相应措施解决风险。
收益分配风险	收益分配风险主要与股东有关。在企业融资过程中，如果企业给投资者的股份过多，企业很容易出现财务危机；如果给的股份过少，就会引起投资者的不满，投资者很有可能会做出抛售股票等行为，从而阻碍企业发展。

图4-21 流动性风险的体现

（3）商业风险。

商业风险包括信用风险、市场风险、信誉风险等方面的内容，主要都是企业的外部环境发生变动而造成的。

有很多人会误会信用风险与信誉风险是一样的，其实信用风险是指企业在与其他企业签订合同后没有履行其中的条款而引发的；而信誉风险主要是因为企业信誉因为某些原因受损，从而导致消费者不满。

市场风险也包括两方面的内容，分别是产品市场风险和金融市场风险，像原材料价格上涨就属于产品市场风险，银行贷款利率上调属于金融市场风险。

此外，运营风险以及操作风险等内容同样也是潜伏在企业中的风险，各个企业只有清晰地了解风险所在，才能尽量完善与规避。而在商业计划书中企业展示出来的风险因素不能太多，也不能太少，一般以三个为宜。风险因素太多会让投资者认为自己的投资得不到保障，风险因素太少又会让投资者怀疑企业的真实性，这也是企业需要着重注意的问题。

2.风险事件，让潜在的危险成为现实

风险事件又名风险事故，它是一种潜在的危险，但同时也是造成危险的直接原因。任何事情发生都会有一个触发点，企业风险也是一样的，因为一件事或者

多件事促使它爆发,从而让潜在的危险成为现实。风险事件在商业计划书的风险问题中同样是重点内容,并且任何事情都有可能成为危险的诱发因素。因此,企业应该深入调查存在的风险事件,并将其列入商业计划书内,让投资者更加了解企业风险。下面我们通过一份商业计划书作为案例来了解风险事件。

项目风险:我们主要是以儿童娱乐为主打的娱乐与教学相结合的模式,尽管我们的项目设施经过了精心设计和优化,但是在儿童娱乐行业繁多的项目之中,仍然难以依靠同质化产品脱颖而出,因此我们的项目独特性并不突出,竞争对手很容易模仿我们的项目,从而出现雷同现象。

在这份商业计划书中,该企业说明了项目不突出、容易模仿等现象,也就是潜在的风险事件。如果在市场上出现雷同项目时,该企业的风险因素就会让潜在的危险变成现实。因此,企业应及时查找风险事件并做出应对措施。

企业在商业计划书中列出风险事件,一般来说都需要考虑两个问题:一是什么样的事件要被列为风险事件,二是风险事件要列出几项。

针对这两个问题,在这儿给大家提出一些小建议。我们先来解决第一个问题:应该把成为现实的概率比较高的事件列为风险事件。比如,某企业各方面表现得都不错,唯独销售部,偶尔出些岔子,这时候企业就可以将销售部的稳定性列为风险事件。而在第二个问题中,企业列出的风险事件不要太多,一两个就够了。风险事件越多,安全隐患越大,企业发生危险的可能性也就越大,会让投资者感到不放心。但如果说没有风险事件,又会让投资者感到不真实,对融资同样是不利的。因此,企业只要将最有可能发生的风险事件列入商业计划书中即可。

3. 风险管理,想方设法把风险降到最低程度

企业风险管理是企业识别、衡量、分析其内外部可能产生的各种风险,通过适当的方式对其进行防范或者控制,从而在最大程度上保证企业的安全发展。风险管理在现代企业中处于非常重要的地位,它可以通过恰当的方法将风险本身或者风险所带来的不良影响降到最低。企业采取良好的风险管理措施可以有效地提高决策效率,减少企业损失,从而在一定程度上提升企业的附加值。

在一般情况下，企业都会积极采取措施进行风险管理，从而在最大程度上降低风险发生的可能性或者减少由于风险造成的损失，从而达到控制风险的目标。但是风险无处不在，有些风险总是不能控制的。面对这种情况，企业应该想方设法采取措施，尽量降低风险变为现实的可能性，又或者是将损失控制在一定范围内，从而避免风险给企业带来不可估量的后果。企业进行风险管理的做法有四种，如图 4-22 所示。

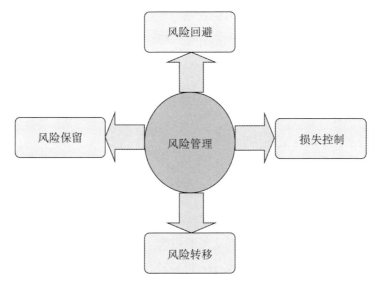

图 4-22　企业进行风险管理的四种方法

以上四种方法对于管理风险的发生具有一定的效果，与此同时，有的风险管理专家认为管理风险的最佳方式应该是企业根据自身情况制定风险应急预案，在风险发生之前做好充分的准备，以备不时之需，而当风险真的发生时，企业可以在众多应急预案中选出最合适的一个，至少不会出现手忙脚乱的状况。

如今众多企业都开始重视风险管理，甚至有的大企业还会针对这一问题成立专门的风控部门。在这种背景下，企业可以在商业计划书中充分介绍自己的潜在风险，并且提出相应的解决措施，从而增强投资者的投资信心。

4.分类认识，巧妙规避自己不愿涉足的风险

企业风险不仅无处不在，而且类型多种多样。如果企业能够充分认识风险的类型，那么再根据不同类型的风险而做出的对策也会更全面、更具有针对性。而

在制作商业计划书时，企业也可以将风险进行分类后再介绍，这样一来会显得更加有条理性。

企业风险在性质上可以分为纯粹风险和投机风险。存粹风险是指只能损害企业利益、不能给企业带来任何利益的风险，企业如果是处于纯粹风险的状态，只能是没有损失或者已经造成损失这两种结果。而投机风险相对来说会比纯粹风险多一种结果，即盈利。投机风险就像投资者进行投资，有可能会因为企业发展势头强劲获得利益，也有可能会因为企业停滞不前而没有得到收益，更有可能会因为企业经营不善而造成损失。但无论是哪一种情况，投资者都不能百分百地准确预料。

企业风险还可以根据内部和外部、风险产生的原因、风险产生的行为等各方面进行细致划分。企业如果想要对风险进行分类并评估，更加细致的分类方法有助于企业全面管理风险发生的可能性。

对企业风险进行分类主要是为了更好地认识风险，但主要目的还是规避风险，这同样也是投资者关心的问题。企业在商业计划书中将风险分析得再到位，却没有相应的规避措施，这对于投资者或企业来说作用也不大。因此，在全面了解商业计划书后，企业应该根据分类制定规避措施，巧妙规避那些自己不愿涉足的风险。在一般情况下，企业需要规避的五种风险如图4-23所示。

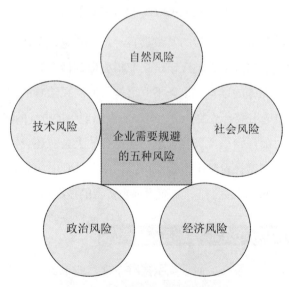

图 4-23　企业需要规避的五种风险

在这五种风险中，自然风险与其他风险不同，它存在于每一个企业身边，人们无法预测它的到来，特别是像海啸、地震等重大自然灾害，根本就是不可抗因素。不仅如此，自然风险造成的损失远远大于其他风险，企业员工甚至会有生命危险。针对这种情况，企业只能想办法将损失降到最低，比如购买保险。企业无论面对的是哪一种风险，都需要打起十二分精神准备作战，以免功亏一篑。

5.就算风险产生，也不能破罐子破摔

相信不少人都参加过运动会，即使没有在运动场上挥洒自如，也有在观众席上呐喊助威的经历。在运动会跑步比赛中摔跟头的人比比皆是，然而有的人拍拍尘土，继续站起来向前奔跑；有的人认为再无胜算，索性就地躺下，看别人争夺冠军。

风险的产生大多是始料未及的，它的突如其来会给大家造成恐慌，有的企业会因为风险的产生感到措手不及，索性破罐子破摔，做出一系列丧失理智的事情，从而加重企业的损失。这些破罐子破摔的行为其实就像运动会中摔倒的运动员，风险就是那个跟头，破罐子破摔的行为只会让自己变得落后，甚至走不到终点。

同样，如果投资者发现企业在面对已经发生的风险，非但没有想方设法补救并将损失降至最少，还帮起倒忙来，想必投资者也不会愿意在这样的企业身上进行投资的。

因此，当风险发生时，企业应该调整自己的状态，重新为自己建立目标，并根据如图 4-24 所示的步骤让自己重新开始。

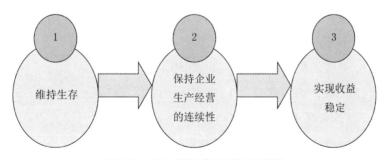

图 4-24 企业在风险产生后的运行步骤

（1）维持生存。企业的风险事件一旦发生，势必会给企业带来不少损失，企业在这时候应该努力维持生存。企业为了维持生存，会提高自己的抗风险能力，

不至于处于一蹶不振的状态。企业在这种情况之下会迅速恢复生存与经营。

（2）保持企业生产经营的连续性。风险事件一旦发生，会给企业带来不同程度的损失，从而影响企业正常的经营活动，甚至导致生产经营陷入瘫痪。因此，企业在努力维持生存后，要确保企业的生产经营还能继续进行。

（3）实现收益稳定。企业能够继续生产经营后，就可流动运转，实现收益稳定也是近在咫尺的事情，这样可以促使企业有效地保持持续增长。对于投资者而言，企业高收益也代表着高风险，因此收益稳定的企业要远比高收益的企业更吸引他们。

6. 案例：孙宏斌从乐视裸退，坦言对乐视的投资是断头

2018年3月29日，融创举行业绩发布会，然而，因为不久之前闹得沸沸扬扬的乐视事件更多人的关注点都在孙宏斌身上。

在发布会上，融创中国宣布了2017年全年业绩。2017年融创实现归属上市公司股东净利达到110亿元，而在未来两年的工作重点中，控制负债率则是重要问题。有的人也许说，融创发展得还不错啊！然而，融创因为投资乐视，已经亏了165.5亿元。

对于这165.5亿元，孙宏斌坦言乐视就是其失败的投资："损失了165亿，你说还怎么壮士断臂，而是断头了。"孙宏斌为什么会说出这样的话呢？我们先来看看整件事情的历程。

2017年3月，孙宏斌携融创中国对乐视投了150亿元，这成为当时的爆炸性新闻。孙宏斌进行了投资后，在乐视的话语权也在不断上升。此后，在2017年5月和7月，贾跃亭分别辞去乐视网总经理与董事长这两个重要职位，随后孙宏斌进入董事会，并接任贾跃亭成为乐视网董事长。

需要注意的是，2017年9月1日，在融创业绩发布会上，融创宣布业绩增长了15倍，然而孙宏斌并不高兴，原因是贾跃亭留给他的是一个千疮百孔的烂摊子，以至于融创业绩增长了15倍都没能填补乐视造成的损失。

2018年3月，孙宏斌宣布裸辞，并对乐视投资者说了这样的一句话："如果挣钱了，祝贺你；如果亏钱了，跟我没关系，别骂我。"

虽然如此，当问到"会不会找人接盘乐视"时，孙宏斌表示："你问一下有

谁愿意接盘，我打折卖给他。（打多少折？）九折，真的有意愿还可以商量一下。要做成的话就得按市场来，我也想打折，没办法，我们所有的合作都是打折的。如果有人愿意买的话，你让他来找我，价格好商量，但是价格不合适我也不会卖的。"

九、退出途径：风险降临？放心，风投不会被套牢

当企业发展到达了一定的成熟状态，其在未来可供给投资者的利益就会变少，而投资者为了保护资金的利益，就会想要及时退出，并将退出收益投资到另一家有潜力的企业，从而获得更多利益。

除此之外，当风险发生时，投资者同样不想与企业"共患难"。因此，企业要在商业计划书中阐述退出途径，体现出投资者不会被套牢，让投资者可以放心进行投资。

1. 风险投资，给新创企业一个成长的机会

企业的融资行为，在投资者眼里其实就是一场风险投资，风险投资就是投资者或投资机构根据商业计划书为企业投入的风险资金。在一般情况下，进行风险投资的投资者或者投资机构分为四种：风险资本家、风险投资机构、产业附属投资企业、天使投资人。

在这四种类型中，知名度最高、影响力最广的当属风险投资机构。通过风险投资机构投资的企业，一般都是经过严格考核的企业，哪怕只是一个新创企业，在风险投资机构的帮助下，也有机会成长为行业巨头。

2017年11月28日，界面（北京）与今日头条共同推出"中国顶级风险投资机构"榜单。在这份榜单中，一共有50家顶级风险投资机构上榜，排名前10的名单如表4-3所示。

这10家是我国目前风投市场上十分有名的投资机构，以红杉资本为例，它成立于美国硅谷，投资范围广泛，在全球范围内投资的企业早已超过500家，而至少有200家企业成功上市。红杉资本在我国也投资过不少企业，并辅助其成长，

最后成为声名远扬的大企业，像阿里巴巴集团、新浪网、大众点评等，都可以看到红杉资本投资的踪影。

表 4-3 "中国顶级风险投资机构"榜单前 10 名

排名	机构中文名称（主要管理人）	主要投资领域
1	深创投（孙东升）	TMT、消费升级、生物医药、节能环保等
2	IDG 资本（熊晓鸽）	互联网与高科技、新型消费及服务、医疗健康、工业技术、文化旅游等
3	红杉资本中国基金（沈南鹏、周逵、计越）	科技/传媒、医疗健康、消费品/服务、工业科技等
4	高瓴资本（张磊）	消费与零售、科技创新、医疗健康等
5	金沙江创投（朱啸虎、丁健、林仁俊）	消费互联网、企业服务、医疗健康等
6	达晨创投（肖冰、刘昼）	TMT、医疗健康、消费服务、智能制造等
7	君联资本（朱立南、陈浩、王能光）	TMT 及创新消费、现代服务和智能制造、医疗健康、文化体育等
8	经纬中国（张颖、徐传陞、邵亦波）	互联网、移动互联网、交易平台等
9	创新工场（李开复）	人工智能、高科技、文体娱乐等
10	今日资本（徐新）	消费品品牌、零售连锁、消费互联网等

2.上市退出：我退出，去远方找更高的投资回报率

上市退出是最常见的资本退出方式，根据相关机构调查显示，有三分之一的投资者会选择上市退出方式。上市退出是企业通过挂牌上市的方式，让投资人可以实现资本退出。企业在正式成为上市公司以后，投资者就可以通过交易股份获得资金从而退出。

上市退出常见的原因是其回报率极高，有的投资者通过这种方式退出甚至可以获得 700% 的回报率。因此，投资者也纷纷倾向于上市退出。但是，上市退出的方式因为受到资本市场成熟程度的影响，大部分企业其实都因为达不到上市的标准而无法上市，从而给投资者增加了风险。

下面我们通过一则商业计划书中的上市退出案例，解析关于这方面的计划书应该怎么写。

为了让股票实现流通，我们将会选择 IPO 或借壳上市。对此，我们制订了明确的上市计划，通过五年的发展，我们公司必然能达到上市的标准。不仅如此，为了让资本得到良性循环，我们还会适当地进行融资，加速上市的脚步。同样，在上市以后，投资者完全可以选择抛售股票的方式退出公司的管理与投资。

在这个案例中,该企业另辟蹊径,简要述说了企业的上市计划,并且在字里行间中透露出其为了上市而做的准备措施:私募资金、上市前融资、合理运用上市公关等。该企业虽然没有详细列出上市退出的方式,但是投资者通过这些内容,将会增加企业能够上市的信心,而投资概率也随之增加。

由此可见,在商业计划书中展示上市退出方式时,不一定非要将其详细列出来,而是通过其他方式打消投资者的顾虑,从而进行投资。

3.并购退出:这个时候的企业就是一件产品

并购,顾名思义就是兼并与收购,也就是将两家或两家以上的企业合并成一家企业,并购退出方式也因而可分为兼并与收购两种方式。企业兼并是两家或两家以上的企业组成一家,从而提升企业竞争水平。企业收购是一家企业将另一家企业的资产全都购买下来,从而获得对方资产的所有权。

在这两种退出方式中,企业收购比企业兼并更受投资者的欢迎。投资者通过将股权转让给需要的企业,并从中获益完成退出。但相对而言,并购退出的利润会比上市退出的少很多。尽管如此,还是有不少投资者选择并购退出的方式,因而并购成了投资者次要喜爱的退出方式。

回看2017年,还是有不少企业将股权转让出去并且完成退出的。下面我们简要介绍"2017年中国十大股权并购案例",如图4-25所示。

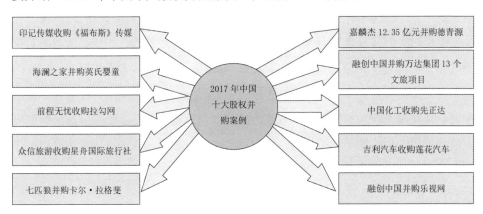

图4-25 2017年中国十大股权并购案例

在商业计划书中,企业可以展示出企业会给投资者提供并购退出方式,并且这种方式将会给投资者带来不错的收益,从而吸引投资者的注意。需要注意的是,并购过程中，企业将会面临着烦琐的决策流程，还要参照大量法律程序，而且这些因素可能致使并购失败，而投资人也面临着不能使用并购退出方式从而顺利退出的风险。

4. 回购退出：企业又把股份收回去了

回购退出是由企业的管理层或者其他股东重新买入投资者手中的股份的一种退出方式，这种退出方式相对来说比较稳定，有保障，但是通过股份回购所得到的退出收益会比较低。

回购退出对于双方来说都有好处。对于企业来说，股份回购有利于企业可以被完整地保留下来，从而保持企业的整体性和独立性。不仅如此，回购退出可以让投资者退出的损失降到最小，并且购入价格相对来说较低，不会影响到企业的正常运营。除此之外，企业高层可以更好地把控规模已经扩大的企业，从而增强其影响力和话语权。回购退出的方式相对比较简单，而在回购过程中的成本也不会很多。

从投资者的角度来看，相对于其他的退出机制来说，他们获得的收益非常低。在一般情况下，回购退出还需要企业进行其他的融资，从而作为杠杆，以便为企业提供资金方面的支持。

股份回购的方式其实更加适合经营顺利、发展状态良好但是距离上市标准还很远的企业。在这种情况下，投资者会向企业抛售其股份并得到套现。

但是对大部分投资者而言，股份回购其实只是备用选择。毕竟回购退出对企业和投资者都有不少益处，从而实现双赢，因此，很多投资者都使用股份回购的退出方式，甚至已经成为美国投资者转让企业股份、退出机制的重要方式。话虽如此，在我国采取股份回购退出方式的投资者并不多。但是，随着股份回购退出方式的发展，相信在不久的将来，股份回购很有可能成为我国投资者选择退出投资的重要方式。因此，企业在商业计划书中应该尽量为投资者展现这种退出方式。

5. 清算退出：投资失败，赶紧把钱转移出来

一般情况下，只有投资失败才会采取清算退出的退出方式，同时也是投资者最不想用的退出方式。当投资者投资失败后，他们不会只沉浸在懊恼的情绪当中，

而是要尽量收回残留资本，及时止损。

清算是企业在经营失败、破产解散之前，为了减少各方损失而采取的措施。清算可分为两种类型，分别是破产清算和解散清算。破产清算就是指企业因为不能按时偿还债务，从而宣告破产，并且由法院按照规定对企业资产进行清算。而解散清算则是企业按照相应的清算程序将企业解散的方法。无论企业进入哪一个流程，基本上都代表着企业生命已经走到尽头了。

然而，企业进行清算，其过程是需要支付成本的，而且清算需要根据繁杂的法律程序，耗费大量时间与精力，因此，经营失败的企业不一定会进行清算，如果企业的债务较少，而且投资者也没有严格的要求，那么企业和投资者在这种情况下是不会对企业进行清算的，而是通过选择其他可以将企业剩余价值进行分配的方式作为退出方式。

但与此同时，企业清算退出对于一些投资者来说却是必须要进行的，因为虽然投资失败，没有获得相应的收益，但通过清算，企业还是能够收回一些资金，将自己的损失降到最低。

经过以上介绍，想必企业了解了不少关于清算退出的内容。然而，真正聪明的企业经营者是不会将这一项内容列入商业计划书中的。投资者在投资失败时才会看到损失，如果企业使用这一退出机制，岂不是说明投资者投资这一项目必然是失败的？这明显不会受到投资者的青睐。而且企业在融资时就做好投资失败的准备，会给投资者一种企业缺乏自信的错觉，从而对企业的经营、发展产生怀疑，不利于企业融资的实现。

6.退出机制：分情况讨论保本或营利模式

在一般情况下，为了让资本得到良性循环，实现资本流通并且得到增值，投资者是不会把所有的鸡蛋都放在一个篮子里的，也就是同时投资多家企业，并且在投资获益之后选择恰当的时机退出，从而对更有潜力的企业进行投资。因此，投资者在投资之前通常都要了解清楚企业的退出机制。企业在商业计划书中制定一份科学合理的退出机制并将其展现在投资者面前，可以让投资者在商业计划书中看到自己感兴趣的退出机制，从而对企业进行投资。

在商业计划书中描述退出机制时，企业无须通过长篇大论详细介绍，而是应该精简篇幅，最好能让其在一张PPT中展示完毕。企业在制定退出机制时，应该分情况向投资者讨论保本或营利模式，将投资者所想知道的重要信息都展示出来。

保本其实也就是字面意思：保住本金，不亏不赚。然而，保住本金也不是一件容易的事情。纵使投资者聪明过人，又有着丰富的投资经验，每一次投资时都明白风险巨大的道理，也不敢确保能够赚得盆满钵盈。世界上没有绝对不亏损的情况，当投资者介入市场后，如果发现赢利并不如想象中那么简单，企业连连失败，投资者最后只能通过清算退出，那么他们首先需要的就是保住本金。这时候，商业计划书中的退出机制就起到了重要作用，通过细节内容向投资者展示如何减少损失。

而如果投资者想要通过上市、并购、回购这三种方式退出，那么在商业计划书中就应该向投资者展示出退出成功后的预计收益。

下面我们通过一份商业计划书中较为成功的退出机制案例，分析合格的退出机制的写法。

退出机制

投资者如果已经不需要我们公司的股份，那么可以按照自己的意愿，选择合适的方式退出，并且获得资金应得的利益。我们公司一直致力于实现投资者退出时，将其手上的资本增值到最大化，从而达到为投资者带来最大收益的重要目标。

为此，当投资者想要退出时，可以通过IPO、股份出售、公司并购三种方式退出。众所周知，这三种退出机制中回报最多、利益最大的退出方式当然是IPO。为了能让投资者以IPO方式退出，从而获取最大利益，我们公司将设立创业板，并做出战略规划：在2015年，公司要实现股份制改造；2020年，公司必须达到上市标准并且成功在创业板上市。针对这一规划，我们公司将会时刻关注创业板的信息，并且会与证券界保持密切联系，争取实现战略规划，让投资者成功使用IPO的方式退出。

在这份商业计划书中，企业的退出机制将投资者的退出方式展示得十分清楚，投资者可以从中得知最大的获益方式，并且清晰了解了企业的战略措施，从而被其吸引。

7. 案例：积木旅行投资人在 A 轮融资后全部退出，获得 5 倍回报

在 2014 年 10 月，积木旅行在天使客股权融资平台进行天使轮融资，最后获得 41 位投资者的 350 万元的资金支持。然而在不到 8 个月的时间里，积木旅行完成了 A 轮投资，而天使轮中的 41 位投资者全部退出，并且获得了 5 倍的回报。积木旅行这一事件可以说是一个里程碑事件，这些投资者成为互联网股权融资行业第一批获得回报的人，同时也代表着互联网股权众筹行业正在不断成熟。

积木旅行是一家出境旅游移动端服务平台，其主要目标用户定位为年轻人。该企业的主要负责人以前携程员工为主，比如前携程华南区商旅事业部总监、前携程深圳技术研发中心高级研发经理等，除此之外，百度华南区的主要负责人也是该企业中的一员。

积木旅行天使轮融资完成后未满 8 个月，某知名风险投资机构就对其进行投资，积木旅行也从而完成了 A 轮融资。投资、服务以及退出，这三个环节是天使客股权融资平台对企业进行周期管理时极为关注的重要因素。尤其是第三点——到底如何退出，这个问题是外界对互联网股权融资的不解之处。

在积木旅行之前，互联网股权融资行业由于发展时间短，并且投资项目基本都是项目早期，又因为没有退出案例，整个行业显得底气不足，因而不少潜在投资者对这一行业充满顾虑。当积木旅行成功后，互联网股权融资行业得以正名，在很大程度上可以提升投资者的信心。

天使客创始人石俊对此表示："投资者们开始慢慢将投资重心转移到股权众筹，越来越深入人心。我们平台有个项目正式退出，适当控制风险小额参与投资是可以赚钱的。"但无论如何，股权众筹投资依然存在不小的风险，有退出成功的，但也有项目失败的。如果要参与，投资者就要做好钱打水漂的心理来进行投资。

积木旅行的成功无疑给天使客带来了流量，在 2015 年 7 月，天使客注册用户数突破两万。在短短的一个月内，天使客用户数增加了近一倍。除此之外，天使客在 7 月份平均每日新增用户达到了 200 人，相对于以往来说，涨了三倍不止。

针对积木旅行事件，天使客投资客服部工作人员说道："在项目方透露退出消息的时候，积木旅行交流群里股东大部分同意退出。大家不再奢求 10 倍、100 倍退出，而是非常关心什么时候可以分到钱。"

当然，天使客致力于快速为企业进行融资，在 30 天内资金就要到账。对此，王芳还表示："退出非常顺利，不到半个月的时间，退出资金就已经打到各位股东的银行账户上了。"

而积木旅行的众筹股东之一——厦门的林先生，他之前在股权众筹领域付出的所有投资成本，都因从这次退出中所获得的回报而抵消了。虽说股权众筹融资在国内还不成熟，但同时也处于快速发展阶段，林先生作为股权众筹融资的第一批吃螃蟹的人，他认为："在资本寒冬下，之前砸了那么多钱投项目，还没有一个收回来。对项目退出是非常渴求的，能有这么多倍我已经很满足了。"

十、信息摘要：一份迷你版的商业计划书

商业计划书的摘要往往都是最后完成，却是投资者最早接触到的内容。在商业计划书中，摘要集中了所有的精华，就像是一份迷你版的商业计划书。投资者通过内容摘要可以快速了解企业信息，从而为接下来的投资决策做出参考依据。商业计划书的摘要是企业需要认真对待的内容，在接下来的小节中，我们来介绍一下摘要规划、摘要细分部分以及摘要内容流程。

1. 摘要规划：把创意表现出来，做足门面

摘要其实是商业计划书的精华部分，通过摘要，投资者可以大概了解商业计划书中的主要内容，从而为投资者理解商业计划书的内容奠定基础。

在商业计划书中撰写摘要，其实就是要把商业计划书中的企业情况、产品状况、财务机制、竞争对手等问题都体现出来，并对其进行概括性介绍。一般来说，在商业计划书的摘要内容中，企业应该体现出以下内容，如图 4-26 所示。

图中六点内容在摘要中一般都会有所体现，很多商业计划书都根据这些作为参考依据。与此同时，这些内容也是投资者比较关心的问题，在浏览摘要的时候，投资者就可以根据这些内容进行初步判断。如果企业所撰写的摘要将这六点内容都充分体现出来了，很容易给投资者留下一个好的印象。

当然，这六点内容只能作为参考依据，毕竟每个企业的发展状况不同，摘要

内容也应该有所区分。因此，企业可以根据自身实际情况进行调整，可以减少背景介绍，也可以增加财务介绍，只要是能够充分体现企业优势的内容就可以。

1	企业的背景、性质、团队、财务情况
2	企业产品内容、优势以及劣势
3	企业所处的市场状况以及发展前景
4	企业营销、推广策略
5	企业与投资者的预计收入
6	投资者的退出方式

图4-26 商业计划书的摘要应该体现的内容

企业确定好自己要撰写的内容后，在摘要中就要对每一点内容都进行合理的分配。在正常情况下，财务和投资回报方面的问题是所有投资者都比较关注的内容，企业应该着重考虑这两部分内容。摘要的重要性不言而喻，因此企业在规划摘要内容时，最好了解以下三点内容再做决定。

（1）摘要应该放在最后一部分完成。企业应该先把整个商业计划书中的内容都完成后，再根据内容亮点撰写摘要。企业在撰写商业计划书的过程中，清晰地了解商业计划书中的亮点内容，将其整合在一起，并在摘要中充分展示出来，可以吸引投资者。

（2）摘要要根据面对对象而将其有针对性地制定完成。企业在撰写摘要之前，了解投资者是必不可少的步骤。仔细想想，金融类的投资者会比较注重过往的成绩，而企业却重点提及技术，这其实并不利于企业进行融资。不仅如此，有的企业拿着千篇一律的商业计划书给投资者，让投资者看不到重点所在，投资者又怎么会进行投资呢？

（3）撰写摘要的工作人员要有良好的文字功底。摘要的感染力非常重要，生动流畅的语言可以加强企业与投资者的沟通，充分打动投资者的心。如果一份摘要内容杂乱无章，不知所云，投资者又怎么会有兴趣再阅读下去呢？

需要注意的是，摘要是商业计划书的精简内容，整个摘要不能设计得过长，否则很容易适得其反。企业撰写摘要最重要的是要有感染力，能够充分打动投资者，吸引投资者的注意力，使其有兴趣看接下来的主体内容。要知道，企业将商业计划书投给投资者时，同时还有很多企业也会投递商业计划书。因此，企业必须要保证其商业计划书的摘要足够优秀，将企业的创意充分展现出来，从而在众多商业计划书中脱颖而出，为成功奠下良好的基础。这就要求企业在撰写摘要内容时要力求完美，从而给投资者留下一个良好的印象。

2.摘要细分内容：总结而已，别浪费太多笔墨

摘要虽然是总结商业计划书的总体内容，但企业同时也要注重介绍细分内容，否则这份摘要就像一个空的框架，虚有其表。像这样的摘要并不能总结到实质内容，投资者就没办法从中获取他所需了解的内容信息，很容易就丧失了对后面主要内容的兴趣。因此，在商业计划书的摘要中，充分展示细分内容并对其进行合理的分配，才有机会拉拢投资者的心。商业计划书的细分内容包括九点，如图4-27所示。

这些内容就像是一个真正的结构，企业往里填填补补就能做出一份完整商业计划书的摘要。然而，摘要只是一个总结，企业无须花费那么多笔墨将其每一样都展现出来。企业在撰写摘要时，想要体现细分内容，必须按照以下两个原则书写。

（1）突出重点。俗话说：浓缩就是精华。这句话用在商业计划书的摘要中再适合不过了。摘要在讲述细分内容时，要简明、生动地说明企业的基本状况，这远比长篇大论更能吸引投资者的注意力。同时，企业在摘要中介绍项目的区别等内容时，只需要涵盖项目的要点，就能够让投资者一目了然，从而在最短的时间内进行评审并做出相应的判断。

（2）控制阅读时间。投资者日理万机，每天还要阅读不计其数的商业计划书，多多少少会对后面的商业计划书产生厌烦的情绪。因此，在最短的时间内快速吸引投资者注意，是企业在撰写摘要时需要着重考虑的问题。投资者阅读商业计划书摘要的时间非常短，这就要求企业要以清晰、简洁的语言将摘要总结出来，同时还要体现出较强的逻辑性，从而让投资者在最短时间内快速理解企业的计划。

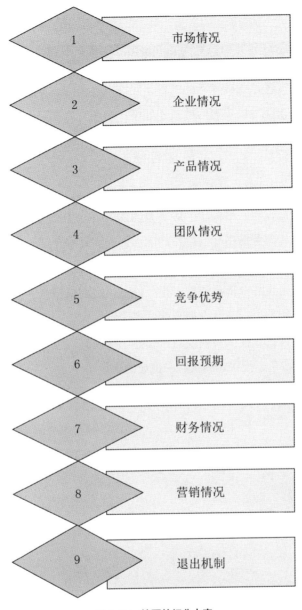

图 4-27 摘要的细分内容

商业计划书摘要的内容非常重要，但却不需要将商业计划书中的每一个方面都写进去，只要把关键的说明就可以了。在商业计划书摘要里面，企业要遵循细分内容的原则，提及愿景和使命、产品及市场、发展规划以及融资需求等，而且还要告诉投资者，他们投资这一项目能得到什么样的回报。而像企业概况、财务具体分析等内容，企业只要简单提一下，完全不需要花费大量笔墨去编写。

3.摘要内容流程：信息摘要没有模板，不要完全照搬

摘要作为投资者首先接触到的内容，应该把整个商业计划书的要点都给涵盖起来。一般来说，撰写摘要内容的流程如下：企业首先要来个自我介绍，也就是介绍企业和产品的信息，让投资者在脑海里有一个相应的概念。介绍完后，企业就要说明自己的经营计划，比如说采用什么样的经营方式，想要取得什么样的经营效果等。市场以及用户的定位内容就是接下来的流程，市场前景如何？用户定位是老年人还是白领等，这要求一定要有明确的目标才能写到摘要中。财务信息是重中之重，企业财务的现状、融资需求、财务计划等全都是投资者十分在意的因素。而摘要的最后，就是投资者想要退出时应该采取的方式。

商业计划书的大部分摘要流程都是一样的，然而根据企业不同的发展状况、市场变化等情况的差异，信息摘要也就没有固定的模板，摘要流程也可以发生相应的变化。因此，企业在撰写摘要时，切忌生搬硬套、完全照搬，这样做不仅让摘要失去企业的特色，投资者阅读起来也会感到很费劲。

第五章

商业计划书的细节完善

商业计划书内容的重要性不言而喻,如果在保证计划书质量的同时,能够将所有的细节都完善好,对商业计划书来说无疑是如虎添翼。

商业计划书犹如一件漂亮的衣服,质量是人们购买时需要着重考虑的问题。然而,在考虑质量之前,人们看上的往往是它的款式,与之对应的就是商业计划书的细节。一份规划合理、布局完美的商业计划书就像是得体大方的新款衣服,能够让投资方眼前一亮,引起他们的注意,从而有意愿深入了解企业项目。因此,一份真正优质的商业计划书,其内容质量虽是重中之重,但其细节的呈现同样也是不容忽视的,这就要求企业要注重完善商业计划书的细节问题。

本章将从商业计划书的布局原则、用字规则、图表规则、数字规则、PPT与其他细节六个方面给大家做出详细介绍。这六个方面虽然不是主要因素,但仍然能够在一定程度上影响商业计划书功效的发挥。希望通过这些重要元素,能够让大家学会如何完善商业计划书的细节问题,从而能够让商业计划书锦上添花。

一、布局原则：别让投资人看得头皮发麻

当投资方在查看商业计划书时，获取的第一信息并不是计划书中的重点内容，而是整本计划书的布局情况。商业计划书的布局其实可以影响投资方对企业的看法，如果一份商业计划书逻辑混乱、详略不当、不知所云又或者是难以理解，那么投资方很难从中获取自己想要的信息，会看得头皮发麻，在企业的印象分上就已经大打折扣了。相反，如果一份逻辑清晰、详略得当、重点突出甚至是简单易懂的商业计划书，那么投资方在感到惊喜的同时，还可以轻易获取自己想要的信息，自然心生欢喜，对企业的好感度也会不断上升。因此，企业在制作商业计划书时，为了能够顺利获得融资，必须注重整体布局。

为了让整体布局更符合投资方的胃口，下面给大家主要介绍企业应该遵循的四种布局原则：逻辑先后顺序、轻重缓急程度、突出重点并且覆盖整体、易理解并且可视化。企业根据这些内容制作商业计划书，离打动投资人就会更进一步。

1.逻辑先后顺序：越理性的人越中意

有不少初创企业感到很疑惑："我的项目明明大有前途，团队实力出色，经济效益也在不断提升，然而，发给投资方的商业计划书却犹如石沉大海，杳无音讯。"

其实，在商业计划书中，企业光把关键点表达出来是完全不够的。企业需要将这些关键点通过完整的逻辑顺序组织成清晰明了的商业计划书体系，并表达出来，才有机会吸引投资方的眼球。

当然，除了写给投资方看以外，商业计划书还有助于创业者深入了解企业的"客户需求、企业产品、合适的商业模式、团队架构、营销方式、运营状况、在竞争中的优劣势"这七大方面情况，同时有助于企业的规划战略方案能够在混沌中实现自我融洽。

从某些角度上看，商业计划书就是企业通过完整的逻辑顺序将项目的关键因素表达出来，从而帮助投资方做出关于该项目的决定。然而，很多企业制作的商业计划书都像是"隔靴搔痒"，之所以出现这种情况，主要原因还是逻辑问题，

要么是企业对项目的发展逻辑没有理解到位，要么就是企业在制作商业计划书时没能将逻辑厘清，致使投资方难以理解商业计划书的重点内容。

商业计划书的逻辑顺序能够在某些方面体现出企业的整体水平，如果一个企业的商业计划书逻辑性强，那么投资方在阅读时也会产生该企业做事条理清晰、整齐有序的印象，无形之中替企业加分。因此，企业在制作商业计划书时，一定要将整体的逻辑性体现出来。

可能有的企业看到这里，还是没有头绪，纠结于从何写起、后续如何写等问题。针对这些问题，可以通过查询其他企业的一些优秀案例，通过研究了解其他企业的长处，并结合自己的商业计划书加以运用。比如，某家电商企业可以查找阿里巴巴的商业计划书，从中研究该商业计划书是如何体现逻辑顺序的，并进行参考和借鉴。

如果企业多找几份商业计划书进行研究和分析，就会发现大部分企业为了体现出逻辑顺序，都会在商业计划书正文内容前附上目录。而投资方通过目录可以对商业计划书的整体内容一目了然，无形之中为企业加分不少。因此，在商业计划书正文展示之前，加一个目录也是不错的选择。

除了目录以外，很多企业的商业计划书都围绕着一定的逻辑结构进行展示，根据这一结构并套上企业的内容。一般来说，这一逻辑结构如下所示。

（1）项目概况；

（2）战略定位；

（3）市场分析；

（4）服务及产品；

（5）商业模式；

（6）竞争分析；

（7）营销推广；

（8）核心团队；

（9）运营现状；

（10）发展规划；

（11）融资金额及用途。

一般情况下，企业根据这一结构都可以充分展示出商业计划书的逻辑性，从而让投资方快速了解商业计划书的大致内容，也有利于企业打动投资方。

2.轻重缓急程度：让投资人一眼看中最关心的

企业制作商业计划书，不能随心所欲，想表达什么就表达什么，想怎么写就怎么写，否则写出的内容质量堪忧，不仅一眼看上去杂乱无章，在撰写过程中也会花费更多的时间和精力，最后还只能得到一个费力不讨好的结果。一份优质的商业计划书是通过厘清撰写逻辑，然后根据内容的轻重缓急程度进行编制的。企业要对项目做出一个整体的考量，分清项目内容中哪些才是投资人最关心的问题，从而分辨出轻重缓急，并对商业计划书做出合理的规划布局。

当然，每个企业经营的项目各式各样，面对的投资人也各有所爱，因此商业计划书中各个部分的轻重缓急程度同样是大不相同，这就要求企业必须根据实际情况对各部分内容的重要程度做出判断。

众所周知，基本上所有的商业计划书都会首先介绍自己的企业、项目或者产品，虽然这不是投资人最关心的内容，但这些内容却是投资人了解企业的基本途径，毕竟企业极有可能成为其未来的合作伙伴。因此，企业、项目以及产品介绍都是可以优先展示给投资人看的。当然，介绍这些内容也要按照一定的规则。比如说某企业进行融资的目的是扩大企业规模、增强社会影响力，那么首先就应该介绍企业的情况；如果企业是针对某个项目或产品的发展而进行融资，那么最合适的方式自然是首先介绍项目或产品。

除此之外，该企业或者项目的经济效益、市场竞争力等内容，同样是投资人非常关心的问题，企业在介绍这些部分时也要着重花费心思制作。而其他很多内容的介绍顺序就没有强制性的规定了，都需要企业根据自己的实际情况做出调整，比如优先介绍企业的优势，提高投资方对企业的印象分。

虽说没有硬性规定，但就大部分企业的商业计划书而言，他们都会把财务状况以及退出机制的内容留到最后介绍，这其实主要就是根据轻重缓急程度的原则来决定的。财务状况是每一个企业必不可少的重要数据，其数据量大且要求准确，往往需要花费企业大量的时间和精力才能制作出来。为了保证商业计划书前面内容的质量，在后面制作和介绍财务状况是非常可靠的。而退出机制是企业融资过程的最后一项，在商业计划书中将其放在最后同样是合理的。

我们都知道，学校上课安排每节课的固定时间其实都是有一定道理的，除了能让学生适当放松外，还有一个重要原因就是每个人的注意力并不能维持太久，也就是说，学生长时间学习并且全神贯注的可能性不大，学习效率反而会降低。同样的道理，投资人在查看商业计划书时，也很难在全程都保持聚精会神的状态。因此，企业在商业计划书中将重点内容安排在投资人注意力最集中的时候，更容易获得投资人的支持。相反，如果企业没有综合考量商业计划书内容的重要程度，胡乱介绍，如果在介绍重点内容时，投资人恰好分心，就很容易致使企业错失顺利融资的机会。

3. 突出重点、覆盖整体

一份优质的商业计划书的内容不仅要逻辑清晰、缓急有序，详略得当也是必须要注意的。衡量一份商业计划书的质量，其内容的多少并不足以作为标准，而有没有突出整体重点，起到画龙点睛的功效，却是非常重要的。如果一份商业计划书将所有的内容都事无巨细地表达出来，然而投资方在这份计划书中却找不到企业想表达的重点内容，投资人就会感觉毫无头绪，甚至选择放弃。相反，有些企业在制作商业计划书时，虽然内容只有短短的十多页，但是阐述得详略得当，投资方一下子就能明白企业所想表达的内容，最后对其进行投资，这种案例并不少见。

因此，企业在制作商业计划书之前，如何找到重点并将其表现出来，也是需要着重学习的内容。一份详略得当的商业计划书，可以带给投资方更为高效和愉悦的阅读体验。

说了那么多，想必有些企业要问了：什么才是商业计划书中的重点内容呢？在一般情况下，商业计划书中的重点内容有以下五个方面，如图5-1所示。

图5-1所示的五点内容是在一般情况下，企业在商业计划书中基本需要重点突出的内容，制作这五点内容时必须要集中精力认真完成。像财务状况部分就是制作内容的重中之重，其数据不仅要真实有效，还要确保准确无误。

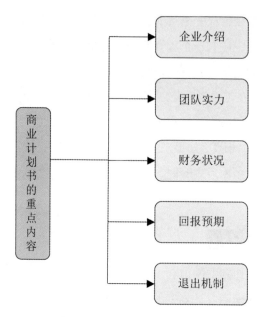

图 5-1　商业计划书的重点内容

当然，情况不能一概而论，企业的性质、经营内容等不同，投资人关心的重点也会有所变化。这时，企业不妨换位思考一下，将自己定位为投资方，假设要面对自己这样的企业，投资方最关心的内容是什么？这种方法虽有些抽象，但是在一定程度上也能够起作用。

除了这五点内容，其他内容作为商业计划书中的一部分，同样需要认真对待，不可忽视，只是相对于重点内容来说，可以对其简略介绍。要知道，一份优质的商业计划书应该像一篇优秀的文章一样，既能突出重点，也能覆盖整体，详略得当。

4. 易理解、可视化：记住，人都是视觉动物

其实有些事情大家都知道，比如投资方每天在工作之余，还要阅读大量的商业计划书，而这些商业计划书中，也有不少是旗鼓相当的竞争对手投进来的。在这种情况下，要想获得投资方的支持，也是需要一定技巧的。

其实人都是视觉动物，在视觉上形成的第一印象往往都会影响到后续对事物的看法。比如说同一个类型的商业计划书，一份既索然无味又复杂，需要花费大量脑细胞去理解；另一份生动形象，一目了然。如果你是投资方，你会优先考虑

哪一方呢？很明显，后一份商业计划书易理解、可视化的内容更容易获得投资方的青睐，而前一份商业计划书，有可能只会成为炮灰，很难得到投资方的喜爱。

有的企业为了让商业计划书看起来更"高端大气上档次"，生生将商业计划书制作成了一本看不懂的天书或者虚有其表的"礼品书"。这样做虽然能够表示出企业对这份商业计划书的重视程度，以及对这次融资计划的期待程度，然而投资方在理解这份计划书时却需要花费大量的时间和精力。

因此，在制作商业计划书时，企业需要遵循易理解、可视化的原则，将商业计划书制作成投资方能够一目了然的样子。投资方在理解商业计划书时，喜欢的就是可以轻松理解的内容，他们希望在商业计划书中可以看到直截了当的文字、图片与数据等信息。

比如，企业在商业计划书中介绍预期收益时，就可以将预期收益做成表格或者图片信息，并将其展示出来。然而，有些企业却反其道而行之，统统通过文字来表达，还着重介绍如何获得预期收益等内容，这无疑给投资方的阅读增添了难度。还有的企业画蛇添足，认为过于单调，添加了一些无效信息，让投资方在理解时容易错失重点。

商业计划书要想做到易理解、可视化，其实并不难，简单来说就是将内容表达得简明扼要，图片、表格、数据等统统简单明了，而在需要使用文字的内容上，也应该尽量简单通顺，不要咬文嚼字、拐弯抹角。如果做到这些，投资方在阅读这份商业计划书时，想必也会轻松很多。当然，如果企业对自己制作的内容信心不足，可以找一个相对可靠的工作人员进行阅读，如果其能够轻松了解商业计划书中的内容，想必对于投资方来说也没有难度，提高印象分也是唾手可得的事。

二、用字规则：简洁明了是根本要义

无论以何种形式呈现商业计划书，文字都是必不可少的表达方式。然而文字放多了，就会显得索然无味，放少了又表达不出其含义。为了让文字在商业计划书中表现得恰如其分，企业必须学会掌握文字的运用规则。要知道，在商业计划书中，文字运用得当可为企业加分不少。

本小节将会给大家着重介绍在制作商业计划书时，文字运用需要遵循的三点规则，即文字简洁，突出主体与局部；不堆砌专业术语，不使用歧义词语；文字务实，以事实为依据。

1. 文字简洁，突出主体与局部

想必有很多人在面对大段大段的文字时，如果不是十分感兴趣的内容，阅读起来其实还是感到比较累的。同样的道理，投资方在查阅商业计划书时，最怕的同样也是大段大段的文字阐述。而如果在这段文字中，企业方还咬文嚼字，表达得晦涩难懂，想必投资方基本上都会失去想要了解的兴趣。毕竟每天在阅读大量商业计划书的情况下，阅读这样的一份商业计划书需要消耗更多的时间和精力。

而与之相对的是，投资方更喜欢文字简洁明了的商业计划书，阅读这样的一份商业计划书能够轻松了解其内容，投资方判断起来也十分方便，而且还不需要花费过多的时间和精力。

文学性的文章，往往需要赘述部分内容以作铺垫；作为实用性的文章，商业计划书与之相反。优美繁复的文字用在商业计划书中，往往会成为累赘。在商业计划书中，文字优美并不是投资方衡量项目价值的标准，项目本身能给投资方带来的利益才是重点。因此，企业在制作商业计划书时，在将重点信息准确无误地表达出来的基础上，将赘述内容去除，文字做到简单明了，就可以获得不错的效果。

虽说在文字用词上不必过于苛求，但是在整体语句的表达上要注意通顺明了，并且在整体的表达上要突出项目的主体与局部，让投资方分清重点。比如说企业想要突出团队力量，就要将表达团队力量的中心思想在文字中突出出来，让投资方一目了然。除此之外，企业在布局用字时，千万不要与投资方拐弯抹角，投资方没有耐心去猜测企业想要表达的意思，应该直截了当地表达出来。

2. 不堆砌专业术语，不使用歧义词语

有时因为企业所从事行业的原因，比如生化行业、互联网行业等，在商业计划书中不得不出现一些专业术语。很多企业都认为专业术语其实是展现专业的一

个表现，然而，投资方虽然日览万件，对很多行业都有所涉及，但仍然会对一些专业术语不太了解，专业术语的存在无疑会影响投资方的理解。为了让投资方了解得更加透彻，企业应该尽量减少使用这一类词语。如果必须要使用专业术语，企业应该使用妥善的方式对其进行处理。

商业计划书应该以普通人能够阅读的角度来制作，晦涩难懂的专业术语并不能为企业加分。当必须使用时，比较妥当的处理方式就是对该词语做出适当的解释。比如说某企业是一家互联网企业，在介绍运营情况时需要用"SEO"来说明情况。那么企业就可以根据这一专业术语进行适当的解释：SEO全称是Search Engine Optimization，意为搜索引擎优化，即通过搜索引擎的规则与技术，对网站内容进行优化，促使网站内容更加符合用户的使用情况，从而提高用户对该网站的浏览量，而网站的综合排名也得以提高，最终达到销售或者宣传的目的。

除此之外，歧义词语也是企业需要着重注意的问题。商业计划书是一份严谨的宣传文件，企业使用歧义词语很有可能会使投资方的理解出现偏差，甚至让结果大相径庭。因此，在使用一些词语加以修饰时，意义不明确的词语也不要使用。

其实，在商业计划书中，无论是专业术语还是歧义词语，都很容易造成不必要的麻烦。因此，除非在迫不得已的情况下，尽量不要使用这类词语。若必须使用，就要像上面提到的"SEO"一样，在文中加以说明，避免投资人误解。

3. 文字务实，以事实为依据

当投资方拿到一份布局合理、整体架构不错的商业计划书时，难免会眼前一亮。但有时候翻阅里面的文字内容，就会发现其内容空洞、大话连篇，让人感觉不切实际。很多初创公司为了获得投资方的青睐，在商业计划书的开篇就开始夸夸其谈，从行业形势谈到世界局势，并为自己标榜上"下一个腾讯""XX行业的腾讯"等词汇。

事实上，投资方经过千锤百炼，对各个行业基本上都会有所涉及，因此夸夸其谈对投资方做市场基础教育并没有多大用处。除此之外，投资方并不喜欢那些不切实际的文字描述，这些描述对于投资方来说毫无用处。像上面提到的为自己标榜的词汇，如果出现在某企业的商业计划书中，那只会让投资方认为该企业自我认识不足、不务实，并没有真实创新的产品值得投资。

相反，对于一些不说空话，直接进入融资项目主题的商业计划书，简单明了，投资方一眼看到自己的利益所在，更受投资方的欢迎。假、大、空的文字阐述只会起到反作用，有理有据的商业计划书更能说服投资方。这就要求企业在制作商业计划书时，文字要务实，阐述要以事实为依据。

在商业计划书中，文字表达切忌空洞，应该以事实作为参考依据并进行表达，这样有助于投资方被企业所阐述的事实所打动。而在文字中以事实作为依据的商业计划书，腾讯就是一个很好的案例。

我国的IVR业务起步虽然较晚，但发展速度惊人。就移动的IVR业务来说，从刚开始的每月不到10万元的收入，经过一年多的发展，目前每月信息费收入已经超过3000万元。联通的IVR业务虽然刚起步，但从目前腾讯的运营状况来看，发展趋势也非常良好。

根据麦肯锡公司的调查，中国移动的1.4亿用户中，有近6000万将成为移动IVR业务的目标用户，而有专家估计，IVR未来每年的市场收入至少可以达到25亿元的水平。庞大的目标用户数量，在为业务的开展奠定了发展基础的同时，也为IVR服务提供了异常广阔的发展空间。

腾讯对IVR业务的这段文字描述就是通过大量数据调查得出的事实依据，符合商业计划书中文字务实的要求。反过来看，如果这段文字中缺乏事实性的依据，仅仅表达"我国的IVR业务起步虽然较晚，但发展速度惊人"这些内容，恐怕无论是谁都认为这是说空话。

其实投资方通常都会认真对待每一份商业计划书，毕竟每一份商业计划书都代表着无限可能。因此，在制作商业计划书时，文字不够优美并不会影响投资方的判断，用心梳理并对内容做出切实可行的阐述才是重点，企业切勿本末倒置。

三、图表规则：一切是为直观而设计

如果商业计划书中只有大段大段的文字，哪怕内容再精彩，投资方也很难有继续看下去的兴趣。倘若辅以图片，整份商业计划书必定增色不少。但是，图片如果随意使用，同样也会获得不好的效果。如果只是为了美观就随意拿一些图片来凑，商业计划书的质量则令人担忧。因此，图片在商业计划书中的体现也是有一定规则的，即一切是为直观而设计。

在商业计划书的图片使用过程中，图片内容的逻辑性和直观性都是需要着重考虑的因素。而图片又包含表格和图表两种形式，针对这两种表现形式，图片的使用也有一定的要求。

1.图片内容逻辑性：别乱放，图片不只是为了好看

在商业计划书中加入图片，不仅可以让计划书变得图文并茂、视觉效果丰富，还可以将内容直观、生动地展现出来，便于投资者更为高效地获取信息。因此，为了让图片在商业计划书中更好地发挥作用，企业首先需要把握如何突出图片内容逻辑性。

其实在制作商业计划书的过程中，有些内容用文字是无法将其逻辑关系全部表达出来的，并且很有可能会因为文字表达含义不足而引起歧义，除非使用大量的文字。遇到这种情况，使用图片呈现出整体的逻辑性就是一个不错的方法，比如说一些具备顺序关系的散点，就可以通过图片表达其逻辑性，从而起到事半功倍的效果。

图片内容的逻辑性，其实就是将商业计划书中需要表达的有相关逻辑的信息以图片的形式表达出来，帮助投资方通过图片更加快速、深入地了解信息的前后、作用的逻辑性等。比如，在黄太吉的商业计划书中所展示出来的外卖平台存量与增量的问题，如图5-2所示。

在黄太吉的商业计划书中，其使用的这张图片将外卖平台存量与增量问题的各项逻辑关系都表示出来了，而且这样的表达方式还可以加深投资人对商业计划书的理解，同时可以避免文字表达不足的问题，促进融资过程的顺利完成。

2.图片内容直观性：图大就是好，一眼见分晓

从一开始，文中的所有内容都在强调"直观"两个字，主要还是因为投资方不会费时间与心思去理解所有的内容，能够简单表达的内容就不要复杂化。同样的道理，在使用图片时，如果不能将商业计划书中的信息更直观地展现出来，那

么该图片更像是累赘。由此可见，在商业计划书中使用图片是必须要突出其内容的直观性的。

图 5-2　商业计划书中体现的图片内容逻辑性

最大程度展示出图片内容直观性的方法就是把图片背景做大，通过大幅度的背景图，投资方一眼就能看到商业计划书的整体内容。话虽如此，但图片仅靠够大是不足以体现内容直观性的，那么企业还应该通过哪些内容来体现图片的直观性呢？

（1）商业计划书中使用的图片，在文字与背景色差等方面，要有一定差异。

（2）商业计划书中使用的图片，文字大小要符合内容的特点。比如，重点内容字号需要加大或者加粗。

（3）商业计划书中使用的图片，排版要符合整体布局，但同时要突出重点。

一般情况下，企业在商业计划书中使用图片时能够做到以上三点，投资方理解起来就会轻松很多。下面我们依然以黄太吉的案例来看看其是如何突出图片内容的直观性的，如图 5-3 所示。

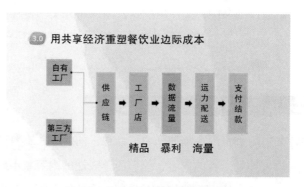

图 5-3　黄太吉商业计划书图片实例

从图5-3中我们可以看到，黄太吉的商业计划书中所使用的图片就充分体现了内容的直观性。图5-3中，文字与背景的颜色差异较大，投资方可以清楚地看到文字内容；而在字号大小方面，概括性标题和重点词汇都采用了不一样的表现方式，有的加大字号，有的加粗字体；此外，这张图片的重点内容还安排在比较显眼的地方，投资方一眼就可以看到整张图片的重点内容。

总而言之，在商业计划书中所使用的图片，无论是企业自己制作还是从他处借鉴，除了要展示出"大"这个特点外，都应该严格遵从上述所提到的三个要素，让图片发挥最大的作用。

3. 表格：将数据和信息进行逻辑清晰的罗列

表格在当今时代已经非常常见，人们的工作与其息息相关。财务数据的重要性大家都知道，而企业要想制作财务数据，表格就成了商业计划书中常用的工具。在商业计划书中，企业将数量大、种类多的数据整理在一起，并汇总在表格中，可以清晰地罗列出来。

企业在使用表格的时候，内容与数据要合理搭配。根据人们的逻辑思维，表格中一般是将内容放在左边，各年份数据放在右边，并排列出来。下面我们看一下某商业计划书中，企业通过表格描述的预计现金流量表，如表5-1所示。

表5-1 企业描述的预计现金流量表 单位：元

项 目	第一年	第二年	第三年	第四年	第五年
一、经营活动产生的现金流量					
销售商品、提供劳务收到的现金	4233	5544.4	9312.6	13346.4	17216.6
收到的税费返还	—	—	—	—	—
收到其他与经营活动有关的现金	—	—	—	—	—
经营活动现金流入小计	4233	5544.4	9312.6	13346.4	17216.6
购买商品、接受劳务支付的现金	189.6	234.48	3401.49	4814.16	6701.1
支付的各项税费	824	208.61	611.23	840.15	1471.49
支付其他与经营活动有关的现金	189.6	234.48	309.12	384.12	420.83
支付的各项税费	824	208.61	611.23	840.15	1471.49
支付其他与经营活动有关的现金	162.31	101.37	127.06	138.09	146.3
经营活动现金流出小计	7688.32	2931.66	4448.9	5176.52	6739.72
经营活动产生的现金流量净额	-3455.32	2612.74	4863.7	7169.88	8476.88

续表

项目	第一年	第二年	第三年	第四年	第五年
二、投资活动产生的现金流量					
收回投资收到的现金	—	—	—		
取得投资收益收到的现金	—	—	73	131.4	204.4
处置固定资产、无形资产和其他长期资产收回的现金净额					
收到其他与投资活动有关的现金	—	—	—		
投资活动现金流入小计			73	131.4	204.4
构建固定资产、无形资产和其他长期资产支付的现金	9669.15				
投资支付的现金	—	2500	2000	2500	3000
支付其他与投资活动有关的现金	—				
投资活动现金流出小计	9669.15		-2000	-2500	-3000
投资活动产生的现金流量净额	-9669.15	-2500	-1927	-2368.6	-2795.6
三、筹资活动产生的现金流量					
吸收投资收到的现金	5000.00	—	—		
取得借款收到的现金	1500.00				
收到与其他筹资活动有关的现金	7000				
筹资活动现金流入小计	13500	—			
偿还债务支付的现金	—				
分配股利、利润或偿付利息支付的现金	86.4	136.4	136.4	136.4	136.4
支付其他与筹资活动有关的现金	—	—	—		
筹资活动现金流出小计	86.4	136.4	136.4	136.4	136.4
筹资活动产生的现金流量净额	13413.6	136.4	136.4	136.4	136.4
四、现金及现金等价物净增加额	289.13	249.14	3073.1	5937.68	7817.68
加：期初现金及现金等价物余额		289.13	579.73	3632.42	8670.1
五、期末现金及现金等价物约	289.13	538.27	3652.83	9570.1	16487.78

需要注意的是，表5-1并不是表格的唯一外在表现形式，企业可根据自身情况进行自由设计。同时，表格要清晰地将数据和逻辑关系展示出来。

4.图表：显而易见，方便投资人"一扫而光"

图表可帮助人们将复杂的数据进行转化，并且以直观、形象、可视化的图像、图形的形式表现出来。人们通过图表将各类数据信息表达出来，主要是因为图片可以让人们更清晰、更有效地处理烦琐复杂的数据，让大家可以快速且直观地得到数据所想要表达的内容。因此，人们在对数据进行分析时，一般都会使用图表进行表达。在商业计划书中，图表也是表达企业信息的重要形式。图片不仅可以让商业计划书变得更加美观，投资者在浏览时也容易"一扫而光"。

图表可分为条形图、柱状图、折线图等，都是可以在文档中轻易完成的图案。商业计划书中的图表一般来说都是侧重于展示数据本身。下面我们通过某企业商业计划书中体现未来三年的资金使用比例的图表，了解一下图表在商业计划书中的表现，如图5-4所示。

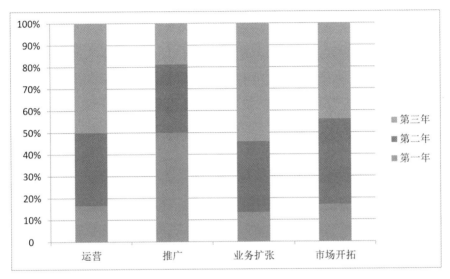

图5-4　图表使用示例

商业计划书中的图表比任何纯文字表达方式都要更清晰和具体，企业在表达过程中还不容易遗漏信息。除此之外，图表还可以因为其直观性起到提纲挈领的作用，让人们发现相关联的其他问题，从而进行解决。

四、数字规则：能用数字说明的，绝不用文字

在商业计划书中，数据对于投资者来说是十分重要的：企业产品的市场规模、企业在过去和未来的财务状况、企业此次融资所需的金额以及具体使用方法等内容，都需要通过数据在商业计划书中表示出来。要知道，仅仅通过简易的文字是无法对投资者产生说服力的，投资者在文字中无法对企业的产品或服务产生切身

的感受，也无法确定其真实性。而数据就是投资者在商业计划书中最直观的体验，从而让投资者对此次融资留下直观的好印象。

1. 别忘了，投资人是和数字打交道的

在商业计划书中，数字使用十分常见，因为数据的说服力远远大于文字，从而起到积极表现与表达的效果。比如某企业要给自己确立一个长期目标，用文字表述可以是这样：我要让我的企业上市。而用数据表达，表达方式可以是这样：在五年内，销售利润达到5亿元，并且完成上市目标。二者相对比，说服力可见一斑。

有的人觉得，烦琐的数字太冰冷了，用文字描述不是更有人情味吗？然而投资者在投资过程中，最常打交道的就是数字：企业的市场调查结果、财务状况、收入预期等重要信息都是通过数字表现出来的。通过这些数字，投资者可以立马判断出企业是否值得投资等。

与文字相比，数字形态的内容更容易引起投资者的注意。为了能够让数字更突出，企业在商业计划书中，可以通过四个小技巧来表达数字，从而吸引投资者的注意力，如图5-5所示。

图5-5　合理运用数字的小技巧

（1）数字要有积极性。有些企业在商业计划书中一股脑地将所有内容都表达出来，其中包括负面内容。消极的数据也会降低投资者的信心，让投资者对企业的实力产生怀疑。因此，在商业计划书中，要减少使用带来消极效果的数字，主要将有积极性的数据表达出来。

（2）恰当地运用整数与百分比。直接使用数字自然没有问题，但如果将一些

内容转换成百分比，相信会更受投资者的欢迎。比如，"本公司王牌产品2016年的销量是562万件"与"本公司王牌产品2016年的销量在市场的占比是30%"相比，必然是后者更容易让投资者了解更多信息。

（3）进行多数据表达。单个数字不太瞩目，吸引力会比多数据低很多。

（4）数字数量要恰当。数字要多用是应该的，但如果全文都是数字，那与纯文字又有什么区别呢？这样一来，投资者不仅看得眼花缭乱，企业的可信度也会降低不少。

数字其实是商业计划书内容的基础，是企业用来证明该项目潜力的有效表达方式。因此，企业在表达数字时，一定要有真凭实据，凭空捏造的数据是不会得到投资者认可的。

2.记住，这些方面会有数据出现

在商业计划书中，数据是不可或缺的，否则投资者就会怀疑这份商业计划书内容的真实性。一份合格的商业计划书需要大量的数据来支撑，尤其是市场、财务以及投资这三个方面。

1）市场数据

市场的概念相对来说比较抽象，如果在商业计划书中，企业只是用文字描述市场如何广阔，就会给投资者一种纸上谈兵的感觉，并不能说服投资者。因此，企业在描述与市场相关的信息时，可以使用一些数据，从而提高描述内容的真实性，加强投资者对企业所描述内容的信任感。

企业在描述市场部分时，像市场规模、竞争对手、用户变化等内容，都可以在文字描述中插入数据，甚至是用纯数字表达，而投资者理解起来也会简单得多。当然，并不是所有的内容都需要数据加持，使用合理才能起到相应的效果。因此，企业应该认真考量市场因素中哪些是需要数据支撑的。

2）财务数据

财务本身就是用数据堆积形成的，因此在每一份商业计划书中，数据必然会在财务中出现。财务是商业计划书中数据最多、文字最少的内容，因此企业也要耗费大量人力物力在这上面，从而保证数据的准确性。

财务数据结合起来就形成了企业的财务整体，而投资者了解企业经济实力的重要因素就是财务，因此将财务数据恰当地在商业计划书中表达出来是必要的。在商业计划书中，资产负债表、利润表、现金流量表等全都是财务要展示的数据内容。

3）投资数据

企业制作商业计划书就是为了获得投资者的资金，并且不断完善自己。这时就需要企业在商业计划书中表达出自己的融资想法，从而让投资者了解并进行判断是否可行。然而，有的企业在商业计划书中却没有明确表示出其融资想法，让投资者感到十分困惑，这无疑是失败的。企业的这种行为就等于是伸手向别人要钱，但却没有告诉投资者你需要多少钱，投资者就算想投资也无从下手。

因此，在商业计划书中，企业应该将投资数据列进去，这些数据包括融资目标、出让股份、融资后执行预期等内容，从而让投资者了解企业的需求，才有可能从投资者那里要到资金。

3.不同表现模式下的数字，要求也不同

虽然说数字的外在形式不会变化，但是数字在商业计划书中却可以展现出不同模式，而对这些模式下的商业计划书的要求也不一样。一般情况下，商业计划书中的数字可以通过三种模式体现出来，分别是表格式应用、PPT图应用以及数字图表应用。

1）表格式应用

表格式应用是常见的数据表现方法，表5-2所示的内容就是某企业在商业计划书中对预计期间费用的表格式应用方法。

表5-2 某企业在商业计划书中的预计期间费用　　　　　　　　单位：万元

项　目	第一年	第二年	第三年	第四年	第五年
管理人员工资	6.5	6.7	11.5	16.5	24.6
管理人员福利	2.5	2.6	5.3	7.45	9.6
管理设施折旧	4.5	4.5	4.5	4.5	4.5
科研费用	7.5	8.5	17.5	25.35	31.69
其他办公费用	1.66	3.38	6.52	9.65	12.69
合计	22.66	25.68	45.32	63.45	83.08

2）PPT 图应用

PPT 图应用主要针对小型商业计划书而存在，并且在这类商业计划书中，数据应用也会经常使用。但是对于企业来说，很少有企业会采用 PPT 图应用的模式来表达数据。PPT 图应用还可以在 Word 中体现出来，做法就是在 PPT 中做好数据，然后将 PPT 转为 Word 图片。

3）数字图表应用

饼状图、柱状图、条形图等都属于数字图表，像前文提到过的，图表主要就是基于数字而存在的，因此企业还可以用图表来表示数据，在此不再赘述。

五、PPT：向投资人传达商业计划书内容的最佳媒介

大家都知道商业计划书的表现形式可分为 PPT 和文字叙述两种，但是使用文字叙述远远不及使用 PPT，原因就是文字叙述篇幅大、制作时间长，而且投资者看起来还会感到十分枯燥。相对而言，PPT 制作篇幅较小、制作时间较短，投资者通过图文结合的方式可以轻松了解其中的内容。

PPT 是企业向投资者传达商业计划书内容的最佳媒介，在企业融资过程中具有非常重要的作用，其内容的好坏基本上就决定了企业能否敲开投资者的大门。因此，企业使用 PPT 向投资者传达信息，其 PPT 就应该具备清晰易懂、简单明了、显而易见的特点。

1. 清晰易懂：可视性强，刺激投资人浏览的欲望

试想，如果一家企业的 PPT 内容杂乱无章，语言晦涩难懂，投资者还会想要了解该企业的项目吗？相反，另一家企业的 PPT 内容条理清晰，用词简单明了，投资者想要了解它的兴趣应该会比较高吧？

企业在制作 PPT 时，要保证其内容清晰易读，让投资者一目了然，这样才有机会让投资者提起兴趣了解自己的商业计划书。PPT 的制作要想做到清晰易懂，一般来说注重以下两个方面即可。

1)正确使用字体

在商业计划书中,字体大小需要根据内容做出调整,从而使计划书的内容看起来更清晰。所有内容的字体大小完全一样的话,会使计划书显得毫无重点。虽说如此,一些企业还是不知该如何运用字体为自己加分。

一般情况下,投资者看PPT时,第一时间关注到的自然是最大的字体,因此,企业应该把每页PPT的重点内容用大号字体表现出来,也就是当页要介绍的内容。比如,企业打算在这一页讲财务计划,那么在PPT中,就要把"财务计划"这四个字用大号字体表现出来。图5-6所示是马云在路演时所使用的PPT的团队部分,其中明显体现了字体的使用方法。

图5-6 阿里巴巴商业计划书团队介绍

除了大号字体以外,粗体字也同样可以引起投资者的注意。在正常情况下,PPT中概括性的语句需要加粗。比如,企业在介绍核心团队时,可能一两句话并不能完全解释清楚,要使用较多的文字做出详细描述,那么企业就可以将"我们公司有着强大的团队"这句话加粗,投资者就知道这一部分是介绍核心团队的。粗体字与大号字体一样,都是为了突出重要信息,二者相辅相成,企业应该合理运用。

在PPT中,使用最多的字体当然是正常字体,这些字体没有加粗,没有加大,也没有突出的必要,一般来说就是用于详细述说的内容。PPT中应该如何运用正常字体,这个是没有明确规定的,企业只要将字体设置得符合PPT的整体风格就可以了。

2)正确使用高对比度背景

PPT的背景对于商业计划书来说也非常重要,但有的企业并不重视这个问题,认为"成大事应该不拘小节",于是将商业计划书的内容放到了空白的背景中。这样投资者在审阅商业计划书时,会认为企业前期工作不充分,没有充分重视融资，自然而然不会对企业留下好印象。因此，企业应该注重背景图的使用，给投资者留下一个好印象。

企业在选择背景时，应该注意内容与背景的对比度。在一般情况下，对比度越高，PPT内容展示得越清晰，投资者看起来也会越轻松。企业要想达到内容与背景的高对比度，可以重点考虑浅色的背景。背景切忌花里胡哨，简洁、素雅类型的才会让投资者感到舒服。

2.简单明了：别整太多页数，搞不好变成昏睡大会

很多学生在学校上课时，老师在讲台上讲得不亦乐乎，学生却在讲台下面昏昏欲睡。这种场景在商业计划书中也有可能会出现，那就是企业的PPT篇幅太长了。

投资者在审阅PPT时，更希望看到的是用最少的篇幅表达最多信息的PPT，而不是十多张PPT，却只包含两三个要点。一份优秀的PPT应该做到简单明了，才能符合投资者的要求。因此，企业在制作商业计划书时，必须注意内容的分配。要知道，商业计划书并不是内容越详尽就越受欢迎，而是有取有舍，把最重要的内容展示出来。

企业应该知道：一张图片只需要表达一个内容，而PPT的数量不宜过多，10页左右最好，而且不要将企业所有的内容都展示在PPT中。

很多企业在制作PPT时，并不知道商业计划书要做多少页才合适：做得太少怕要点展示不全面，做得太多又怕投资人没有耐心一一去看，着实让他们感到为难。其实，PPT的页数并没有明确规定，市场上页数多少的都有。有的企业认为，PPT页数越多越好，这样才能向投资者全面展示企业的信息，企业获得投资的概率从而也会增加。

然而事实并非如此，有的企业做了近100页的PPT，把内容展现得非常详尽。但没多久，投资人就失去耐心，不再看如此繁冗的PPT了。由此可见，PPT的内容再怎么精彩，一旦多了，就会令人生厌，因此一定要把握好页数和内容量。

对于一份PPT来说，10页是比较合适的页数。在这10页内容中，企业既可以展示商业计划书中最重要的内容，同时还可以保证投资者有足够的耐心。投资

者每天要阅读大量的商业计划书，如果页数太多，投资者就会没有耐心也没有精力去看。因此，PPT页数一定要把握好，不要因为这点细节而错失获得投资的良机。

3.显而易见：重点清晰，让人一眼就分得清主次

根据相关数据统计，企业在介绍商业计划书时，投资者真正给你的时间只有180秒。而在这短暂的180秒中，投资者还非常容易分心，很容易错过商业计划书中的亮点，从而在很大程度上影响他们最后的投资决策。因此，在制作PPT时，企业要将商业计划书展现清楚，重点清晰，让人一眼就分得清主次。

那么，企业在短短的180秒内，应该如何将重点清晰地表达出来呢？做法如图5-7所示。

图5-7　短时间内表达重点的做法

首先，企业要根据PPT中的重点内容做出详细介绍，并且尽可能多地将重点突出出来，吸引住投资者。其次，企业介绍时应该选择恰当的语速，重点内容可放慢语速，让投资者听清楚，而其他内容则语速加快。最后，企业应随时观察投资者的状况，如果是投资者能够看懂的问题，大可一带而过，不再赘述。如果投资者真有不明白的，一般会自己提问，到时候企业再进行解答即可。

六、其他细节：任何一个细节被忽略，都会破坏一锅汤

"一颗老鼠屎，坏了一锅汤。"这句话诠释了细节对于商业计划书的作用。商业计划书内容的质量固然重要，然而企业也不可以忽视一些细节问题。企业将

商业计划书的细节问题处理好，对于融资计划来说犹如锦上添花。因此，本节将会给大家介绍商业计划书中那些容易被人忽视的细节，从而对其进行完善，向投资者呈交一份完美的商业计划书。

1.封面：高大上的商业计划书，整个乡土风的封面怎么行？

商业计划书的封面是投资者首先接触到的内容，同时也是投资者形成对企业第一印象的重要因素。商业计划书的封面制作要简单明了，花里胡哨只会让投资者感到一股"乡土气息"。一般情况下，商业计划书的封面包括企业名称、项目名称、联系人、联系方式等内容。如果企业的设计比较独特，还可以根据自己的情况添加企业的二维码、企业LOGO或是企业标语。除了这些内容，不建议企业再多加其他信息。

当然，企业还需要注意封面文字内容排版问题。在正常情况下，企业一般都选择横向排版，因为这种排版方式更符合大家的阅读习惯。当然，也有的企业选择纵向排版的方式，但是这种排版方式对版面设计的要求比较高，如果企业在此之前没有相关经验，建议还是不要选用这种排版方式。封面文字可以根据版面的设计做出调整，一般情况下，项目名称字体是最大的，企业名称适当缩小，而其他内容可以统一字体。

需要特别注意的是，商业计划书的封面文字应当少一些，以便于让投资者一目了然。企业商业计划书中的封面主题必须要概括出商业计划书的中心思想，把商业计划书的重点内容表现出来，从而达到吸引眼球的目的。

2.附录：锦上添花，给正文内容做一些补充

商业计划书最后的附录内容其实就是附在正文后面的参考资料，讲述的问题往往都与正文有关。有人感到疑惑：与正文有关，为何不放到正文中呢？附录是为了给投资者提供更进一步的内容解释或是汇总正文，从而起到锦上添花的作用。它的内容并不是正文里的必备内容，如果企业将附录编入正文，就会起反作用，不利于正文的逻辑性。

在一般情况下，商业计划书中的附录内容包括四种，如图5-8所示。

1	正文中内容、数据的详细来源或附带信息
2	正文中某一问题的研究方法或技术概述
3	某些材料由于篇幅过大或取材于复制品而不便编入正文
4	某些重要的原始数据、计算程序、框图、统计表、结构图等

图 5-8　商业计划书中的附录内容

在商业计划书的附录中，企业可以根据内容的多少进行编排。如果附录中的内容较少，企业可以直接进行编号，并在编号后说明名称。相反，如果附录的内容较多，企业就要将其依次分为"附录A""附录B""附录C"等，从而进行编号与说明。

需要注意的是，商业计划书中的附录内容也不是越多越好。只有内容对正文能起到必要的帮助作用时，才需要列入附录，起到锦上添花的作用。相反，如果企业一味添加附录内容，反而会起到反作用，投资者会认为企业是因为信心不足才会无节制地提供那么多附录。

3. 页眉页脚：不统一，会给人拼凑的感觉

页眉就是商业计划书中每个页面的顶部区域，经常用于显示文档的附加信息。在商业计划书的页眉中，企业可以插入时间、图形、企业 LOGO 等信息。与之相对的，页脚是商业计划书中每个页面底部的区域，同样也是用于显示文档的附加信息，在页脚中也可以插入与页眉同样的内容，而这些内容通常会在打印后出现在商业计划书中每一页的底部。

在商业计划书中，页眉页脚无论怎么设计，在每一页上都应该统一起来，否则很容易给投资者一种"这份商业计划书是拼凑成的"错觉。那么，企业应该如何在 Word 中将商业计划书的页眉页脚都统一好呢？

打开 Word 文档后，单击【页眉和页脚】工具栏，并且打开【视图】选项，然后单击【页眉和页脚】按钮。找到显示【页眉】和【页眉和页脚】的工具栏，就可以编辑页眉和页脚的内容了。一般情况下，商业计划书中页眉和页脚的规格

都是 1.5 厘米（即正文与页边距之间相距 1.5 厘米）。

这样企业就可以轻松地将页眉和页脚统一起来，并将商业计划书呈递给投资者，给投资者留下一个整齐统一的好印象。

4.格式要求：不协调，给人的感觉就是不专业

商业计划书的格式就是指进行商业计划书编写时的样式要求，以及编写标准。直观地说，商业计划书的格式就是商业计划书达到可投递给投资者的标准样式和内容要求。很多企业会因为没有注重格式问题，商业计划书整体都显得杂乱无章，使投资者产生一种不专业的感觉。

在一般情况下，商业计划书的格式要求可参考以下内容。

1）文字格式

（1）字体：根据内容来定。

一级标题：3号，黑体，居中。

二级标题：4号，宋体，左对齐。

三级标题：小四，黑体，左对齐。

正文：5号，宋体。

（2）行距：标题之间行距为单倍行距，正文之间为1.2倍行距。

2）版面格式

（1）页面设置。

页边距：

上：2.5厘米。

下：2.5厘米。

左：3厘米。

右：3厘米。

页眉：1.5厘米。

页脚：1.5厘米。

装订线：0.5厘米。

纸型：A4，纵向。

（2）插入页码。

位置：页面底端。

对齐方式：居中。

（3）注释：采用尾注，自定义标记为 [1]、[2] 等。

3）装订

要求朴素整齐，装订位置在页面左侧。

5. 检测：制作商业计划书是细致功夫，完成之后记得检测、修改

A 公司是一家互联网公司，成立于 2012 年，发展较为迅速。在 2017 年，A 公司打算进行 B 轮融资，从而让公司走得更远。A 公司将商业计划书完成后，便火急火燎地投递给多家投资机构，然而久久没有回音。

A 公司感到很诧异，因为他们的项目发展前景比较广阔，融资需求并不是很高。思来想去，A 公司创始人陈先生让下属把商业计划书拿过来让他过目，想从中寻找答案。陈先生在看到商业计划书的封面时就知道了问题所在，并且大发雷霆，责令解除与商业计划书负责人的劳务关系。原来在商业计划书的封面上，A 公司连自己的名称都打错了，还一直没有人发现这件事情。

书写过商业计划书的人都知道，商业计划书里面有大量文字、数据以及报告，出现错误的可能性还是比较大的。如果企业将商业计划书投递给投资者后，却被投资者频频发现一些细小错误，大家觉得投资者会怎么想？投资者必然会觉得该企业工作不严谨，如果与他们进行合作，出现问题的可能性会很大。

针对这一点，企业在将商业计划书撰写完成后，一定要再三检查，确保内容没有问题后再呈交上去，否则很容易像 A 公司一样闹出大笑话。

第六章

商业计划书的其他用途

商业计划书不仅仅是拿给投资人看的,它还具有其他的用途,那就是出售业务、提升业绩以及为企业的 IPO 上市作准备。

一、出售业务:这是一个双赢的商业之举

在一定的情况下,企业可以出售一部分业务给其他企业,不仅为自己的企业减轻了负担,也为其他企业赢得了发展机遇,达到双赢。在出售业务时,一定要说明出售的原因,并强调业务所拥有的机遇。此外,合作伙伴的选择也是非常重要的,一定要做好尽职调查。

1. 说明出售原因,给对方一个接盘的理由

企业出售业务给其他企业,一定要说明其中的原因,让对方能够信服,从而接手业务。那么,在出售时,可以给对方什么样的理由来让其接盘呢?如图 6-1 所示。

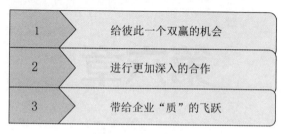

图 6-1 企业出售理由

1) 给彼此一个双赢的机会

在给对方说明原因时,可以这样说明:由于公司业务规模的扩大,现有人手已经不能满足扩展业务的需要,为了缓解压力,我公司决定出售部分业务,缓解压力。对于你们而言,也是一个扩展业务的好机会,能够帮助你们提升业绩,扩大企业规模。对于双方而言,可以获得双赢的效果。

2) 进行更加深入的合作

有的企业会把业务出售给与企业一直有合作的企业,对于你的企业而言,合作伙伴与其他企业相比更能赢得信任。由于长久以来的合作,彼此对于双方的业务模式及发展状况都比较熟悉,更加容易沟通。把业务出售给合作伙伴,也是进行深入合作的开始,能够帮助双方的企业都获得发展。

3) 带给企业"质"的飞跃

有些企业很注重业务的大而全,把业务范围不断地扩大,但是随着公司的发展,业务过多也给企业带来了不利影响。企业无法专注于优势业务的发展,久而久之,就会失去企业所独有的业务,并最终失去市场竞争力。

企业通过出售业务缩减数量,从而专注于业务质量上的发展。这种策略不仅不会为企业带来不利影响,还会帮助企业提升业绩。对于接盘的企业而言,在力所能及的前提下接手业务,能够扩大企业的业务规模,帮助企业扩大影响力。从这个角度而言,也为接手业务的企业带来了"质"的飞跃。

2017年12月14日,利丰集团与弘毅投资以及冯氏集团达成了战略合作协议,以11亿美元的价格出售了集团的三大产品业务——家具、毛衣和美容产品。以精简业务的方式来为未来发展建立更加完善的供应链。与之前的看重"量"相比,利丰更加注重"质"的飞跃。公司向股东派发了价值5.2亿美元的股息,将其余的5.8亿美元用于后续的业务改善及供应链建设方面。

利丰集团采取了简化总体业务的策略，通过出售策略使公司的员工能够致力于实现供应链计划目标，为利丰成功向数码化企业转型奠定了基础。此外，也提升了长期股东的价值。

利丰集团的行政总裁冯裕钧表示："出售产品业务使利丰能够把精力集中到核心业务中去，从而加强企业的资本结构。通过出售业务获得的收益能够向股东们派发更优厚的特别股息。其余资金也能够支持公司进一步提升公司的'质'，提升企业财务的灵活度。"

弘毅投资的董事长赵令欢表示："我们非常期待与利丰集团的管理层进行合作，来进一步加强利丰的独特战略。借助我们的增值服务，未来，各产品将会得到更深层次的发展。"

2. 强调业务的巨大机遇，机不可失，时不再来

在出售业务时，一定要强调业务能够给企业带来的机遇。对于对方而言，只有真正会为其带来发展机遇，才会接手业务，因此，强调业务所带来的重大机遇是非常重要的。

2013年1月8日，工信部在官网上公布了《移动通信转售业务试点方案》征求意见稿。该方案鼓励民营资本进入电信业，给民营资本带来了发展机遇。民营资本接手移动的转售业务后发展前景如何呢？

打破垄断，激发了运营商的创造力。近年来，民营资本快速发展，并在国民经济中占据了非常重要的地位，使打破行业垄断的呼声越来越高。电信行业一直处于自然垄断行业的状态，此次的移动转售业务将会打破这种垄断。

此外，随着互联网经济的发展，电信运营商与新兴的互联网企业在激烈的竞争中，也逐渐力不从心。电信运营商通过转售业务可以为该行业引进竞争机制，不断地提升电信运营商的危机意识，激发其不断创新业务的能力。

移动的转售业务并不是随意转售，也有专业的门槛，非ICT企业获得的机会更大。电信行业属于技术密集型行业，因此，所需的门槛比较高。仅在业务管理系统、信息安全系统方面就不是一般的非ICT企业能单独进行的。

目前，接手移动转售业务的企业基本上为零售流通型的企业，在电信业务上缺乏足够的经验，因此，无法向移动用户提供更精准的业务服务。对于民营企业

而言，接手移动业务不仅为自身迎来了发展机遇，拓宽了业务范围，也具有一定的挑战性。

不仅是移动公司出售了业务，沃尔玛公司也将出售部分业务。

2018年7月12日，美国零售业巨头沃尔玛决定出售旗下在日本的连锁超市——西友，退出沃尔玛在日本的市场。相关资料显示，沃尔玛与电商巨头亚马逊展开了激烈的竞争，为了专注于竞争，沃尔玛将重心转移到数码领域，于是决定退出没有发展潜力的日本市场。

沃尔玛开始寻找能够接盘的企业或者投资基金，出售金额可能为3000亿~5000亿日元。沃尔玛出售的西友业务对于想要接盘的企业或者基金来说是一个巨大的发展机遇。

虽然西友的建筑较为老化，但是西友所处的地理位置以及周边环境都是非常有利的。西友处在人口密集的地区，客流量比较大，也能为其带来不少收益。除此之外，如果有企业能够接手西友，也会打开在日本的市场，从而占据一席之地，增加企业的影响力。

目前，沃尔玛正在致力于电商业务的发展，在日本市场中，在生鲜食品电商超市方面，西友与乐天还展开了进一步的合作。此外，沃尔玛还将关闭一些在中南美地区业绩不佳的旗下门店，从而改善沃尔玛的整体效益。

3. 提供预测信息，让对方有更好的把握

向对方出售业务时，还需要把业务的预测信息提供给对方，使对方能够对业务内容进行更加准确的把握。

首先需要做的是，对出售的业务进行预测。业务预测是借助历史资料数据、业务信息等资料对业务的未来发展进行科学的分析以及评估。

一般来说，业务预测分为以下几步：确定预测目标、明确预测指标、收集业务预测需要用到的资料、明确预测的方法以及模型、得出预测结果。

在进行业务预测时，需要考虑这几个因素：业务在历史中的发展趋势，对于一些具有潜力的业务，历史中的发展趋势也是以往各种因素相互作用的产物；社会经济环境因素，主要包括业务的总体收入、与社会经济环境相关的一些指标、地域经济发展政策；客户资源，从该因素中能够获得业务的市场容量以及规模；

现阶段行业的发展趋势，业务所处的具体环境以及近年来业务在行业中的波动趋势；企业目标，主要包括企业的战略定位以及远期的发展目标；企业资源投入；企业的营销力度。

在一般情况下，业务预测的方法主要包括三种类型，如图 6-2 所示。

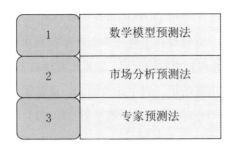

图 6-2 业务预测的方法

1）数学模型预测法

该方法是借助业务发展的不同影响因素，也就是社会经济的一些指标进行多元化的回归预测，经常被应用于存在很多历史数据的传统业务预测中。

2）市场分析预测法

该方法包括市场调查、行业市场容量分析预测法两种。

在市场调查中，主要采用抽样调查、典型调查以及重点调查的方式。市场调查主要应用在分析市场容量大小、不同市场业务规模的预测等方面。

行业市场容量分析预测法就是根据行业市场的容量预测、业务市场占有率评估来预测业务的发展趋势，主要适用于对新业务领域的预测。

3）专家预测法

该方法主要包括德尔菲法以及主观概率加权平均法。

德尔菲法是通过业务方面的专家对业务趋势进行预测，专家预测的优点在于专家对于业务是非常熟悉的，所以说也能够科学地对业务进行预测。主观概率加权平均法也是通过专家判断，对未来不确定的业务发展情况进行预测。

4.找对买家，才能"该出手时就出手"

出售业务并不是随便找个买家把业务出售出去就可以了，合适的买家才会把业务发展得更好，对于你的公司而言，也是非常有利的。那么，企业在出售业务时，哪些买家才是最合适的呢？

1）有实力接手业务的买家

我们都知道，出售业务并不是免费的，甚至可能标出极高的价格，因此，只有有实力的买家才能承受昂贵的价格。如果企业选择的买家没有实力，并且无法接受接手业务的价格，双方再进行协商也是非常麻烦的。

在选择买家之前，一定要首先了解一下买家是否真正具有实力。此外，企业出售业务也是为了让业务得到更好的发展。如果买家接盘之后，无法运营该业务，业务的发展状况也逐渐出现危机，对于企业而言，也是不愿意看到的，毕竟，出售业务也是一种与买家之间的合作，彼此都希望合作顺利。

2）与自身企业经营范围相类似的买家

找买家还需要找和自身企业经营范围相类似的买家。因为如果双方的行业相差很大，接手业务对于买家而言没有任何收益，买家是不会接手的。例如，你的企业所经营的是食品行业，却要找经营石油业的买家，虽然不能说没有成功的可能，但是成功的概率非常小。

3）基金组织也是非常合适的买家

有的企业在出售业务时只找相对应的企业，却忽略了基金组织的存在。基金组织最擅长的就是投资，如果你的企业出售的业务能够给他们带来丰厚的回报，他们也是非常乐意接手的。基金组织还有一个优势就是资金充足，他们的主要目的就是把资金投资在有潜力的项目上。因此，企业在寻找买家时也要关注基金组织。

2015年12月，雅虎想要出售它的核心业务，而美国财经博客Quartz认为最合适的买家就是阿里巴巴。对此，他从以下几点进行了分析。

（1）雅虎在全球的用户超过了10亿，对于阿里巴巴而言，如果接手雅虎的核心业务，将会使其成为全球占据第三位的新闻供应商。

（2）阿里巴巴也一直想要进军海外市场，而雅虎在59个国家和地区拥有网站，并且使用当地语言来服务用户。因此，雅虎在全球的用户也是比较多的。

（3）在全世界范围内，雅虎的用户也是排在前列的，在美国也具有非常重要的地位，这对于阿里巴巴而言，无疑是一件好事。

阿里巴巴如果能接手雅虎的核心业务，就能够轻松获得全球数十亿潜在的用户，从而帮助阿里巴巴占领海外市场。

此外,《华尔街日报》还列出了软银、微软等企业作为雅虎核心业务的买家。

5.尽职调查,合作伙伴的资质可不是永久性的

尽职调查是选择合作伙伴的方式之一,也是经常被使用的方式。做尽职调查的目的就是判断合作伙伴的资质。

在做尽职调查时,需要对合作伙伴的资产及负债情况、经营状况、财务状况、法律关系、潜在风险等方面进行调查。

在尽职调查过程中,会涉及合作伙伴的各个方面,内容比较复杂,因此,需要企业的工作人员具有过硬的专业技能。通常情况下,我们可以把尽职调查的内容划分为三大部分,如图6-3所示。

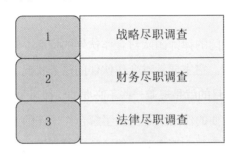

图6-3 尽职调查的内容

1)战略尽职调查

做该项调查是为了评估合作伙伴是否具有潜力,未来的价值如何。战略尽职调查主要分析的是外部环境以及内部环境。

对外部环境的分析主要是对市场、客户以及竞争对手的评估。

市场评估就是对市场的规模进行评估,并对与合作伙伴相关的细分市场进行预测。借助市场评估,能够帮助企业确定合作伙伴在各个战略细分市场的规模,这也是预测合作伙伴财务状况的重要依据,并且是对合作伙伴进行估值的关键。

客户评估主要是针对合作伙伴的客户购买力进行的评估,评估合作伙伴是否能够满足客户的购买需求。一般会通过访谈的形式调查一部分具有代表性的客户,而访谈的最主要目的就是了解客户的需求标准。

竞争对手评估最主要的目的就是了解合作伙伴在未来的市场竞争中是否具有潜在的能力,对竞争对手评估的关键在于对合作伙伴的直接竞争对手进行分析。

此外，还需要考虑新的竞争对手所带来的威胁。

2）财务尽职调查

该项调查是企业专门的财务以及会计对合作伙伴财务状况的调查。它所使用的方法主要包括对历史财务数据的整理分析、对合作伙伴企业高管的专访、财务文件的查看等，然后形成关于合作伙伴财务状况的书面报告。

开展该项调查最主要的目的就是帮助企业消除对合作伙伴财务上的疑虑，以使企业对合作伙伴有一个更加深入的了解。

财务尽职调查最重要的作用就是明确合作伙伴的财务状况，从而规避一些风险；对合作伙伴的赢利能力及现金流进行分析；了解合作伙伴的资产以及负债情况，为后期的商业决策提供依据。

3）法律尽职调查

该项调查是企业专门的律师团队对合作伙伴的资质、资产、重大合同等法律方面的问题进行的调查。它主要针对合作伙伴的法务状况、法律文件以及历史法律数据展开，最主要的目的就是规避一些不必要的法律风险。

法律尽职调查最主要的作用就是全面了解合作伙伴的法务状况，从企业的资质、资产情况、劳动关系等方面规避法律风险；对合作伙伴的法律问题解决能力进行分析，了解是否存在隐形的法律风险；全面了解合作伙伴的负债情况、纳税情况，从法律角度来评估合作伙伴是否合适。

在法律尽职调查中，一定要注意对合作伙伴企业的基本情况、知识产权情况、融资及担保情况、不动产、客户等方面进行详细的了解。

6. 案例：HTC 被手机业务拖累，2017 年不得不出售手机业务

2017 年 9 月，Google 与 HTC 共同宣布双方以 11 亿美元的价格达成正式协议，也就是说，HTC 向 Google 出售了手机业务。HTC 公司移动设备部的部分员工会参与到 Google 的硬件部门。HTC 出售这项业务使 Google 获得了其部分知识产权，但是它也保留了自身的品牌以及经营团队，以便在后续创新中打造出新的产品。

有数据显示，在全球智能手机排行榜中，HTC 已经排到了后面，市场份额也仅仅只有 0.68%，手机业务的不佳使 HTC 整体经营状况出现了问题。2017 年度 Q2 财报显示，HTC 已经损失了近 4.3 亿美元，并且还在持续亏损。为了解决这

个问题，HTC 决定出售一部分手机业务来减轻外部市场环境带来的压力。

Android 碎片化问题一直以来也是 Google 的弱点所在，由于不同品牌的机型中其硬件配置都是不同的，Google 只能一一进行升级或者把这项业务外包给 OEM 的运营商，但是，运营商会慎重考虑新的系统是否真的能适应旧设备，因此，也就不会进行 Android 系统的升级。

Google 一直在尝试解决该问题，对于 Google 而言，接手一家在 Android 方面无论是设计、生产还是营销都很成熟的手机业务是非常有利的，而 HTC 出售的手机业务正好符合 Google 的设想。

Google 能够利用 HTC 进军 Android 市场，他们双方之间的合作不仅能够为 Google 在硬件业务中注入新的创新动力，也能够使 HTC 在未来有精力专注于 VR 业务的发展，这对于双方来说是一种双赢的局面。

对于 HTC 而言，出售手机业务也是非常有利的。

HTC 智能手机在最初发展时借助 Windows Mobile 系统的多普达而被人们所熟知，然后在 Android 系统方面迎来了发展高峰。2011 年，HTC 的市场估值达到了 300 亿美元。但是，随着手机生产商的日益增多，竞争日益激烈，HTC 由于手机产品线比较单一而失去了竞争优势，业绩开始下滑，市场份额不断下跌，陷入困境。

2016 年年初，HTC 为了寻求新的发展机遇，开始把焦点转向 VR 虚拟业务，并推出了 HTC Vive 头显设备，成效显著，使 HTC 开始复苏。在同年 6 月份，HTC 成立了独立的 Vive 子公司，全面致力于智能手机在 VR 领域的发展。

虽然 HTC 的 Vive 在市场中占据重要的位置，但是，其手机业务却依然处于弱势地位，使 HTC 的整体业绩下降。因此，为了改善这种局面，HTC 在 2017 年 9 月向 Google 出售了手机业务。

HTC 董事长王雪红表示："作为全球智能手机的引领者，HTC 在科技研发创新中取得了优异的成绩，例如，智慧型手机价值链、智慧财产组合等。此次通过向 Google 出售手机业务，能够让双方的合作更加稳固，加强了彼此之间的联系。HTC 在今后也能够更加专注于 VR 虚拟现实业务的发展，我们有足够的优势能够保留我们的创新成果，拥有无限的发展潜力来实现未来新产品的创新。"

二、提升业绩：为项目提供思路，为公司提供规划

商业计划书还能帮助公司提升业绩，提供项目思路及规划。具体来说就是全面把握战略方向，把计划中的战略转化成能够实现的内容；在业绩管理方面，让每个员工都能朝一个方向努力工作；在业绩评估方面，关键是提供可度量的目标；对工作进行协调以及控制，从而把握目标的完成情况；提供沟通方案，为员工赋能。

1. 把握战略方向，把计划中的战略转化成可实现的内容

战略指的是公司在某个时期的发展方向、目标以及发展策略，它从某种角度来说也是一种计划。商业计划书中提出了公司在未来的发展战略，因此，我们需要把这种战略转化为能够实现的内容，进行战略管理。

战略管理就是公司在明确了战略目标之后，为了保证战略目标实施的进度，并真正落实到工作中来，对战略目标进行的一种动态管理的过程。通常情况下，战略管理有四个关键要素，如图6-4所示。

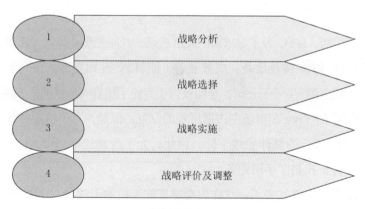

图6-4 战略管理的四个关键要素

1）战略分析

进行战略分析的主要目的就是对影响公司发展的关键因素进行评估，它主要包括三个方面。

（1）明确公司的任务以及目标，为公司制定下一步的战略及评估提供科学

依据。

（2）对外部环境进行分析，公司所处的外部环境包括宏观环境和微观环境，通过了解这些外部环境，了解公司周围是否存在发展机遇。

（3）内部环境分析。在进行战略分析时还要考虑到公司具有哪些资源和战略能力、内部团队整体的工作能力等。

2）战略选择

在制定公司的战略时不会只制定一种战略，而是制定多种战略，从而能够使公司在发展的过程中有更多的选择。

制定了多种战略方案之后，就要开始对这些战略方案进行评估了。通常情况下，我们可以采用两个标准来对战略方案进行评估：一种是战略能否使公司发挥出最大的优势，规避劣势，使优势得到最大程度的发挥；另一种是与公司相关的利益相关者能否认可该战略方案。这里需要注意的是，不存在最合适的评估标准，只要是能够使企业获得发展的都是好的战略。

最后选择一个合适的战略作为公司的最终战略方案。在选择时可以根据公司的目标来选择，也可以请专业人士来帮助选择。

3）战略实施

战略实施就是把战略落实到行动上。在实施战略的过程中，需要注意的问题有：怎样实现公司各部门资源的优化配置；为了实现公司的战略目标，还需要哪些外部力量的支持；为了保证战略目标的落实，还需要公司进行哪些方面的调整等。

4）战略评价及调整

在实施战略的过程中，我们也许会发现，该战略无法带动公司的发展，已经偏离了公司的发展方向，这时，我们就需要及时调整战略，以免影响公司目标的实现。战略实施的每个阶段都需要进行评价，然后决定是否要调整方案。

在战略管理中，制定战略是实现公司目标的第一步，而把战略转化为能够实现的内容也是非常关键的一步，战略实施的高效性才能保证公司顺利实现战略目标。如果公司制定的战略虽然并不完善，但是却能够克服实施中的各种困难，那么也会使公司目标顺利实现。

在实施战略的过程中，一定要重视在每个阶段的战略评价，及时调整战略，这也是战略得到实现的关键。

2. 业绩管理，让每一个人都朝一个方向努力

近几年来，业绩管理越来越受到公司的重视，做好业绩管理，才能使每一位员工都朝一个方向努力，进而使公司更加优秀。

公司进行业绩管理的主要目的就是通过对员工绩效的考评，激励以及肯定他们，找出他们的不足之处，及时采取措施来改善，从而提升员工的个人能力，也提升公司在市场中的竞争力。

在业绩管理中一定要遵循可行性、实用性、客观性、公平性等原则，在这些原则下进行业绩管理。只有这样，才能让公司的每位员工都认可，提高员工的凝聚力，使公司获得长久发展。

业绩管理并不是在很顺利的状态下进行，它也要受公司内外部环境的影响。在外部环境中主要是受政治、经济、法律、价值观等各方面的制约，内部环境主要是受公司制度、员工支持等方面的影响。此外，业绩管理还受自身的一些因素的制约。例如，时空的局限性；在指标量化时出现阻碍；个人因素等。

对于企业而言，业绩管理具有的作用如下所述。

确保公司的目标能够顺利实现。业绩管理的主要目的就是实现公司的目标，公司制订的业绩计划、业绩标准等都是在公司目标的基础上进行的。

提高公司的管理效率。在业绩管理中，公司对管理方向进行了明确规定，并且还制定了科学的管理标准，目标精确到每位员工。通过科学的管理方法，为员工制定了统一的业绩标准，从而大大提升了管理效率。

完善人力资源管理体系。在人力资源管理体系中加入业绩管理，使其各个部分之间互相推进和优化，整个体系之间更加完善。

建立良好的竞争激励机制。公司对员工的激励主要是围绕业绩进行的，业绩也是督促员工进步的一种有力方式。秉承客观公平性原则的业绩管理使每位员工都有了共同努力的方向，从而建立起一种良好的竞争激励机制。

高效的业绩管理还能提升公司在市场中的竞争力，提升公司的整体业绩。

对于员工而言，业绩管理也具有以下非常重要的作用。

激励员工努力成长。在业绩管理中，员工的业绩被考评，这影响着员工以后的晋升以及薪酬问题。如果员工的业绩没有达到公司的标准，很有可能面临被开

除的风险，因此，业绩管理促使每一位员工都在努力达到目标，这也在无形之中提升了员工的个人能力。

业绩管理还能激发员工的潜力。通过制定稍高于员工能力的目标，使员工努力去实现这个目标。想要实现目标，就必须发挥出最大的潜力，在这个过程中，不断地接受挑战，从而使个人潜力开发出来。

业绩管理还影响着员工的职业生涯，因此，通过业绩管理可以使员工对自己的业绩有一个清楚的认识，从而在后续的工作中不断地改进及完善，努力达到使自己最满意的状态。

3. 业绩评估，提供可度量的指标是关键

要想进行业绩评估，建立能够度量的指标是非常关键的，也就是关键业绩指标的建立，该指标能够衡量业绩。

这种业绩指标来源于公司的战略目标，围绕公司的战略目标而展开。因此，业绩指标的度量内容是由公司的战略目标所决定的。如果业绩指标与公司的战略目标有严重偏差，就会影响业绩的评估。

公司中涉及的职位很多，每个职位都有不同的工作内容，而业绩指标作为一个能够度量的目标是可以对每个员工的业绩进行衡量的，对公司的战略目标也起到了衡量的作用。

业绩指标是通过把战略目标分解得来的，因此它能够推动公司战略目标在每个部门的执行和落实。它还使公司的员工对自己的岗位职责及要求有了清晰的认识，是大家能够朝一个方向努力的依据。

建立可度量的业绩指标时，一定要遵循 SMART 原则。S（Specific）指的是业绩考核一定要涉及特定的工作指标，内容要全面具体；M（Measurable）指的是业绩指标要能够度量，把业绩指标数量化或者行为化，从而能够获得员工业绩的准确数据信息；A（Attainable）指的是业绩指标要能够实现，设立的目标不能过高也不能过低，过高过低都容易降低员工的工作积极性；R（Relevant）指的是业绩指标的现实性，能够让人们观察出来；T（Time-bound）指的是业绩指标的时限性，也就是说要有一定的期限。

在设定业绩指标时一定要遵循的原则如下所述。

建立完善的业绩评估指标体系。在建立这种体系时，可以采用宏观到微观的顺序，逐一建立每一个层级的指标体系。制定好公司的战略目标后，把公司的工作重点标示出来，围绕重点设定公司的业绩指标，然后再根据公司的业绩指标设定每一个部门、每一个岗位的业绩指标。

制定业绩评估标准。通常情况下，业绩指标是从某个方面来对工作进行度量或者评估。在这个基础上，业绩评估标准是每个业绩指标都要达到的具体水平。

审核业绩指标。审核的目的就是查看业绩指标是否能够度量，是否能够真实地反映出被评估员工的业绩。

这里需要注意的是，很多公司都对业绩指标的可度量化产生了误解。能够度量的指标并不是指所有的业绩指标都是量化指标。如果过分地追求业绩指标的量化程度，就会导致一些不能量化的业绩指标被忽略，最终导致业绩指标设定的偏差。因此，在保证尽可能使指标能够量化的前提下，也要注意把不能量化的指标融入进来。

4. 协调和控制，把握目标的完成情况

在目标管理工作中，还需要注意对目标进行协调和控制，这样才能准确把握目标的完成情况。在很多公司中都存在目标无法实现的问题，其中一个很关键的原因就是目标冲突，也就是部门之间的目标不协调。因此，公司想要实现目标，就必须对目标进行协调管理，控制冲突目标。

公司确定各级的工作目标后，逐一向每位员工分配，对目标进行协调和控制之后，才能自上而下保证目标的实现。

制定目标后，公司的管理人员要对目标的实施进行管理。首先，要每隔一段时间检查一次目标的完成进度，因此，要利用好与员工接触的机会，在轻松的交流中获得目标的实施进度信息；其次，还要定期向下级部门通报目标的进度，从而为协调各部门之间的工作提供便利；最后，帮助下级员工解决在目标实施过程中遇到的难题，如果出现意外情况，会严重影响到目标的实现时，一定要及时地调整目标或者对目标加以控制。

在协调前，需要制订一个详细的协调计划，厘清协调思路，把协调过程中可能会遇到的问题提前考虑进去，并制定应对的办法。只有这样，才能从容应对协

调过程中的问题，然后有效解决。

在协调工作时，还需要投入情感，让每位员工都能感觉到真诚，从而服从安排，互相理解，最终达成一致意见。协调中保证心态的沉着冷静也是非常重要的，因此需要认真听取员工们的意见，采纳比较有利的意见。

5. 提供沟通方案，为员工赋能

公司中的项目能否顺利完成也和有一个较为完善的项目计划方案有很大关系。但是，在没有执行的项目计划中也会存在我们不能及时发现的问题，如果解决计划外出现的状况，就需要公司提供一个沟通方案，让团队的沟通更加顺畅。

下面列举一个公司采购部门沟通方案的部分内容供大家参考。

1）采购前的沟通

在采购前，工作人员需要了解采购项目的产品型号、硬件配置、采购预算、采购的资金来源等关于项目的一些基本情况。

公司还需要了解关于采购人的一些情况，例如，采购人隶属的部门、收入来源、公司对采购预算给予的资金支持等。

2）签订采购合同时的沟通

这主要包括签订采购协议双方的名称、相关事项、采购的项目清单、结束采购项目的时间要求、双方要承担的责任和义务、违约后的处理办法等。

关于采购项目的具体要求、资金来源等方面，公司也需要在签订合同之前与采购人进行详细的沟通。

3）制订采购计划时的沟通

在制订采购计划时，公司需要针对以下方面和采购人员进行沟通：采购人的资金情况、在采购项目中所需要用到的具体资料、采购时所需要的技术人员等。

以上选取的是某公司沟通方案的部分内容，由于方案内容较多，因此，这里不再一一呈现。但不管制定什么样的沟通方案，一定要详细、具体，把各个方面都考虑到，从而实现有效沟通。

三、IPO 上市：商业计划书是上市募投的敲门砖

商业计划书决定着公司能否成功融资，它最主要的目的也是为公司带来尽可能多的融资，从而扩大公司的规模，最终上市。商业计划书中有投资人最感兴趣的内容，包括公司的发展历程、精英团队等，这是吸引投资人投资的关键。因此，一份优质的商业计划书是公司上市募投的敲门砖。

1. 公司为什么要尽快 IPO 上市？

有数据调查显示，截至 2018 年 5 月 31 日，深圳交易所的所有上市公司达到了 2114 家，总市值达到了 223519.23 亿元，流通的市值达到了 161783.73 亿元。越来越多的公司选 IPO 上市，公司为什么要尽快 IPO 上市呢？IPO 上市对于公司来说，具有很多好处。

1）方便融资

公司在 IPO 上市之后，可以首次公开发行股票融资，这会使公司获得大量的发展资金；公司资金充足之后，也有利于财务结构实现最优化，从而使公司在未来能够进行规模更大的债务融资。此外，IPO 上市还能够填补公司的资本金，从而缓解公司的现金流压力。对于毛利小、财务支出在不变成本中占比大的公司来说，IPO 上市更为有利。

2）提升公司的影响力

IPO 上市之后，公司品牌更容易获得溢价。通常情况下，在商业合作中上市公司更具有优势，不管是公司与公司之间的合作，还是公司与政府之间的合作都具有一定的优势。尤其是品牌独特以及资源短缺的上市公司。

公司上市之后，在其所在的行业或者地域都是佼佼者，能够有效带动当地产业的发展，解决就业问题，促进税收。上市公司也可为其他公司在产品创新、人才管理等各个方面起到重要的模范带头作用。

3）促进公司的合法合规经营

公司进行 IPO 上市的过程也是公司明确发展方向、改善公司管理、实现规范

经营的过程。公司上市后，会存在退市风险以及被并购的风险，这些风险能够督促公司的管理人员更加规范公司的管理，使公司能够在法律范围内规范经营。

此外，公司还能够完善内部的激励机制，为公司留住核心管理人才以及优秀的员工，这些人才能够保证公司长久稳定地发展。

4）实现公司股权增值

如果公司能够成功 IPO 上市，就可以扩大融资的渠道，获得充足的资金，帮助公司继续扩大规模。规模的扩大证明了公司的发展实力，也提升了公司在行业内的影响力，实现了公司股权的增值。

5）利于公司兼并收购以及资金重组

公司上市后能够利用非现金的股票形式进行兼并收购以及资产的重组，这能够为公司增加并购机会，从而使公司获得更大规模的发展。

6）吸引更多的优秀人才

公司成功上市之后能够吸引更多优秀的人才，有利于扩大公司的人才规模，提升整体人才素质水平。公司的股权激励机制对于优秀人才具有很大的吸引力，使公司能够招聘到骨干力量。

2.商业路演，为上市打响口号

某位著名的投资人曾说："公司离成功只差一场完美的商业路演。"可以看出，商业路演对于公司上市具有非常重要的作用。乔布斯可以说是商业路演的楷模，他主持的每一场路演都可以说是经典，并被很多人学习和模仿。

那么，什么样的路演才是成功的呢？通过对优秀的商业路演进行研究以及总结，其通常包括以下几个方面。

1）路演演讲结构

在进行路演时，我们会针对公司的项目进行一场演讲。在演讲时，一定要有自己的演讲结构，最好精心准备。演讲的结构一定要清晰，每一个环节知道要表达什么，环环相扣，有严密的条理及逻辑，这样才能吸引投资人的注意。

2）路演时要突出重点

演讲人一定要明确路演的重点部分，对重点内容详细说明，其他部分可以简要概括，让投资人明白即可。重点突出的部分是想要让投资人重点去了解的部分，这部分内容必须是公司的优势所在、独特之处。

3）标题精悍

在进行路演时，需要给自己的路演设定一个标题。标题是对整个演讲内容的概括总结，也是成功吸引投资人注意的关键。从你的标题中投资人要能看到利益所在，这都是吸引投资人的重要因素。乔布斯在每一次的路演时都会设定一个非常吸引投资人的标题，例如，"把1000首歌放进口袋里"。因此，你的标题一定要精悍，足够吸引人。

4）打造精美的PPT

PPT是在商业路演中把自己的项目展示给投资人的一个工具。PPT的总体篇幅控制在10页左右最好，要在PPT中列举最重要的信息。PPT的制作原则是尽量用图片、表格的形式来展现，不要采用大段的文字。数据也能成功吸引投资人的注意力，因此，可以列举一些经过调研的真实数据来吸引投资人。

商业路演中也有一些不能碰的禁忌，如下所述。

前期准备不充分。有的人在路演演讲时前期的准备做得不充分，对目标市场了解不到位，在投资人提出问题时，他们不能从容地回答。经验丰富的投资人很容易看出其中的破绽，也不会盲目地把钱投给没有充分准备的人。

空谈市场。在商业路演中，还有一些人喜欢空谈市场，总是在向投资人描述市场有多庞大，但忽略了对自己项目的阐述，整个路演下来，一切都是空谈，投资人不能从中获得最优价值的信息，也是不会投资的。

3. 为上市制作合适的商业计划书，成功融资不是梦！

之前已经提到合适的商业计划书是公司成功上市的敲门砖，那么，合适的商业计划书是什么样的呢？一般来说，撰写优秀的商业计划书包括六个要素。

1）公司的产品要详细介绍

在撰写商业计划书时，需要提到与公司产品或服务相关的具体内容，除此之外，公司针对产品进行的市场调查也要列举。在介绍公司的产品时，需要介绍产品所处的发展阶段、产品的性能、公司的产品营销策略、产品所面向的客户、产品的生产成本以及价格等。

在商业计划书中，要用简单明了的语言来对产品的各个方面进行介绍。对于撰写者而言，必须熟悉产品及其属性。

2）竞争对手分析

在商业计划书中，要对竞争对手的基本情况进行深入分析。与本产品相比，竞争对手的产品有哪些优势以及劣势，竞争对手的营业额、利润、产品来源、市场份额等都是需要分析的。

在商业计划书中，对竞争对手分析的主要目的是让投资人看到你不仅是行业中的竞争者，还是行业中的佼佼者。

3）分析市场营销计划方案

在商业计划书中，还要给投资人提供公司对目标市场所做的深入分析以及解读。要具体分析经济、社会、文化、心理等因素对于客户选择产品是否具有很深的影响，这些因素对客户的购买起到怎样的作用。

商业计划书中还需要对市场营销计划进行分析，营销计划主要包括公司想要营销产品的广告、场地、活动等，并对每项活动的预算以及收益进行明确。

此外，商业计划书中还应简要说明一下公司的营销战略、采取的营销方式、营销中的细节问题如何处理等。

4）制定产品的市场执行方案

一份优秀的商业计划书中还应包括：公司采取什么样的手段把产品推向市场；产品的生产线是怎样设计的；生产中的原料供应；生产以及设备的成本是多少等。这些问题都需要在商业计划书中体现出来。

5）介绍公司的管理团队

在商业计划书中，还需要对公司的管理团队进行简单介绍，团队中每个人的岗位职责，团队成员个人的专长、技能、特点，对公司做过哪些贡献等。此外，还应该明确管理团队设定的战略目标以及组织结构图。

一个公司得到长期稳定发展的重要原因就在于拥有一支优秀的管理团队。团队中的每位成员都应具有非常专业的技术知识以及管理经验，并能充分发挥自己的才能。

6）精练的结束语

一个好的开头还必须有一个好的结尾才是完整的，因此，商业计划书中的结束语也很重要。在结束语中，应透露让投资人感兴趣的信息，这样才会给投资人留下更深刻的印象。很多投资人首先会看商业计划书中的最后部分，想要获取有价值的信息，例如，公司的基本情况、能力以及局限性等。

撰写商业计划书时不仅要站在自己的角度，还需要站在投资人的角度思考，投资人更倾向于什么样的商业计划书；投资人最想从商业计划书中获得什么样的信息。了解这些信息之后，撰写一份优秀的商业计划书就变得容易了。

4. 案例：2016 年，美团点评 IPO 上市商业计划书被网络曝光

2016 年，美团点评 IPO 上市商业计划书在网络中曝光，接下来看一下它的商业计划书是什么样的？它为什么可以说是一份较为优秀的商业计划书呢？

被网络曝光的美团点评 IPO 商业计划书路演资料（资料来源：创客100）如下。

2010 年 3 月，美团网在北京正式成立，并在激烈的市场竞争中获胜。目前，美团网上的活跃用户达 1.3 亿，2015 年 8 月的交易额达到了百亿元。

2003 年 4 月，大众点评在上海成立。2014 年 2 月，腾讯对大众点评进行了投资。目前，大众点评的月活跃用户超过了 2 亿，评论的数量超过了 1 亿条。

2015 年 10 月 8 日，美团网与大众点评正式宣布合并，开启了"新美大"模式。美团网 CEO 王兴与大众点评 CEO 张涛同时担任联席 CEO 和联席董事长。

2016 年 1 月，"新美大"成功融资了 33 亿美元，市场估值达到了 180 亿美元。

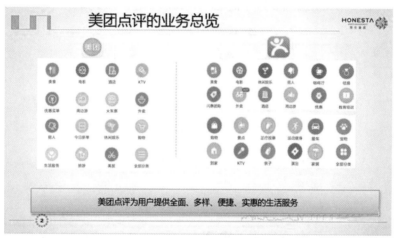

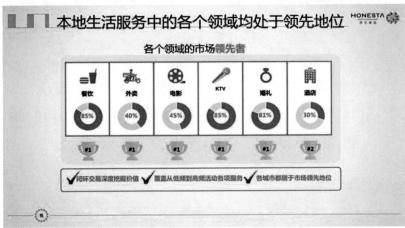

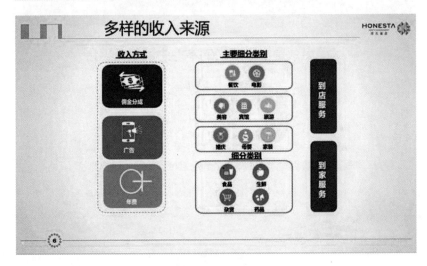

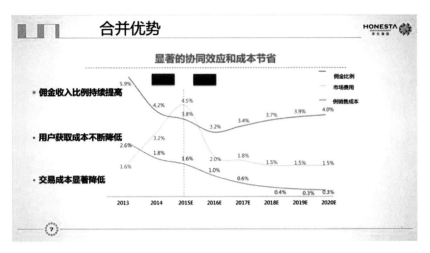
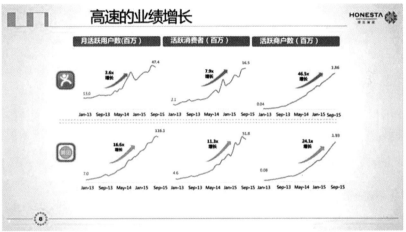
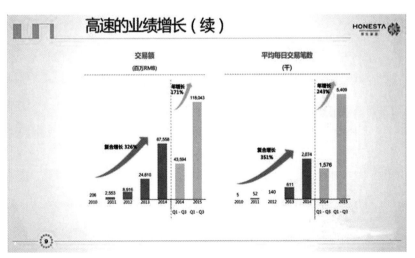

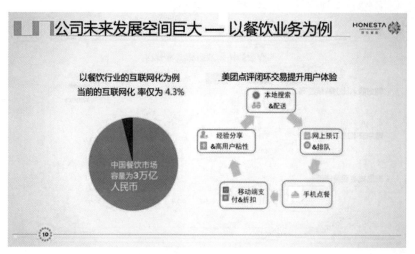

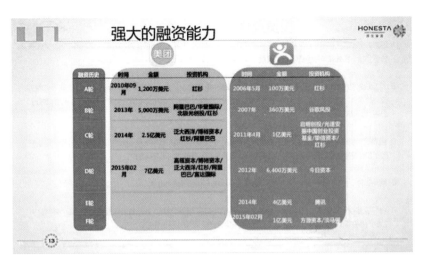

投资亮点

- **巨大的市场仍处在早期发展阶段，增长空间巨大**，中国O2O市场的容量估计为20万亿，目前每年的交易额仅为千亿级，还处在市场渗透的早期阶段，具有巨大的增长空间。

- **行业领跑者的合并**，美团和点评在合并前分别占国内O2O总交易额的51.9%和29.5%，是行业的第一和第四位。此次合并将使公司拥有行业中的绝对统治地位。另外公司合并后在成本降低和平台覆盖方面的协同效应也相当值得期待。

- **相对于竞争对手更高的效率**，公司在运营方面相对于竞争对手具有效率优势，比如在获取用户方面，得益于美团和点评原有平台的导流作用，公司能够以比竞争对手更低的成本获得客户。

- **团队优势**，合并后的美团点评团队将集和本土O2O方面最资深的创业者。

- **合并后盈利周期缩短，上市加速**，合并之后，美团和点评的营销费用、补贴费用等都将大幅下降，并得益于二者的合并带来的综合效应，企业盈利拐点将提前到来。上市计划也会相应加速。

可比公司估值情况

公司	股价	市值（亿美元）	市盈率(ttm)	市销率(ttm)	市净率
谷歌	702	4827.5	33x	6.73x	
亚马逊	599	2808	858.12x	2.63x	21.28x
阿里巴巴	75.62	1873.1	28.72x	13.86x	6.11x
京东	27.1	370.6	N/A	1.56x	6.21x
百度	157.6	554	27.13x	6.03x	5.7x
腾讯	19.73	1832.9	45.66x	13.11x	11.63x
乐视	7.84	145.50	181.43x	5.08x	27.03x
美团点评		170	N/A	18.43x	17.7x

*参考可比公司过去12个月（ttm）的收入和盈利情况进行估价 数据来源：yahoo finance

*2015年10月26日数据

公司估值及投资回报

		2016	2017	2018	2019	2020
收入预测（百万人民币）						
收入预测（百万美元）		2,075.48	4,524.88	8,823.78	14,491.71	19,801.30
估值(亿美元)	5x P/S	103.77	226.24	441.19	724.59	990.07
	6x P/S	124.53	271.49	529.43	869.50	1,188.08
	7x P/S	145.28	316.74	617.66	1,014.42	1,386.09
	10x P/S	207.55	452.49	882.38	1,449.17	1,980.19

以7家可比公司平均7倍的较为保守的市销率估算，美团点评两年后的投资回报达1.86倍；若以10倍的市销率估算，其投资回报率将达到2.66倍。这主要得益于美团点评所处行业和公司本身的高速成长带来的快速的收入增长

从创客 100 曝光的商业计划书来看，美团点评的商业计划书可以说是一份较为优秀的商业计划书。

美团大众点评在 Pre-IPO 项目计划书中对该项目进行了介绍，主要介绍了项目背景、收入来源、美团点评的基本情况、合并之后的优势、未来的发展空间、财务指标、投资者阵容、融资能力、管理团队、基金要素、投资亮点、可比公司估值情况、公司的估值以及投资回报方面的内容。

美团点评的商业计划书采用的是图表文字数据相结合的形式，图表以及数据占据的比例很大。美团点评把自身的优势以及闪光点都用图表数据展现了出来，它采用很直观的方式让投资人能够一目了然。

在商业计划书中，很多内容以对比图的形式呈现，上面清晰地标出了各种数据。可以看出，美团点评是做了充分的市场调研，对整个市场的情况全面了解之后制作的商业计划书。这可以让投资人感受到美团点评的真诚，成功地吸引了投资人的注意。

美团点评对这个项目的介绍分为若干个模块，整体的结构比较清晰，逻辑也非常鲜明，对于重点的部分也进行了突出，整体来说，这份商业计划书是比较优秀的。

第七章

商业计划书的投递

很多人认为,只要把商业计划书投递给投资人,就会获得资金。但是,也有很多人在投递之后就没了音讯。想要拿到资金,并不是简单地把商业计划书发送给投资人就可以,不要随便投递商业计划书,而是要有技巧地投递,选择合适的投资人。

一、如何投递商业计划书?

投递商业计划书不仅要讲究一定的技巧,而且有多种方式可以利用。比如,公司可以利用自己的人脉资源直接投递给投资人;寻找投资机构的员工,请他帮忙投递;直接投递到投资人的官网邮箱;让FA机构做接洽人来投递;参与商业路演活动,直接面见投资人。

1. 利用人脉资源,直接投递给投资人

人脉是我们职业生涯中最宝贵的财富,利用人脉关系投递商业计划书也是一种非常好的方式。

李强是一家世界500强企业的高管,工作两年之后,他辞掉了工作开始创业,很快他就撰写好了商业计划书,想要投递给投资人。投递了之后,一直都没有消息。

在一次和同学的聊天中李强提起了现在的困扰。

让李强惊喜的是,他同学的一个朋友正好是一家风投公司的投资经理,他们也接受这类商业计划书。于是,李强的同学把李强推荐给了他的朋友,李强最终成功投递了商业计划书,并获得了融资。

从这个案例中,我们可以发现人脉资源的强大。利用自己的人脉资源来寻找投资人会容易得多。那么,在找投资人之前,你需要建立一个关于投资人的信息资源库。

建立投资人资源库应遵循以下原则。

1)你认识的人

把你认识的人都一一列举出来,这些人就是你的人脉资本。我们在生活中会认识很多朋友,朋友多了之后就会形成一张人脉关系网,这些就是你可以利用的资源。在你所认识的朋友当中或许就有投资人,或许有人认识投资人,那么,通过这些朋友来寻找投资人就容易很多。

2)制作人脉资本网

把你认识的朋友的基本信息都一一列举出来,你和他们之间的关系是什么样的,他们之间又存在什么样的关系。这些都弄清楚之后,你会发现,你会和很多人都拥有共同的朋友。朋友所处的行业也是你需要重点了解的内容,因为你的目的就是寻找投资人,而接近这些行业的朋友,就很有可能会给你带来帮助。

3)直接寻找投资

把你想要获得的投资信息发布在你的人脉关系网中,告诉他们你的目的,你所处的行业,你想要获得什么样的投资。这时候,有投资需求的人就可以通过这个关系网联系到你。这样,你很容易就可以把商业计划书投递出去了。

4)间接寻找投资

如果你的朋友里面没有投资人,但是也许他们认识投资人,这时候,你就需要利用你的人脉让他们把你介绍给他们所认识的投资人。这是他们的人脉关系网,也可以间接成为你的人脉网。通过广撒网的方式来获取投资人的信息,可以利用人脉关系把商业计划书成功地投递给投资人。

5)收集投资人的资料

通过人脉关系网获得了投资人的信息之后,要收集一些关于投资人的资料信息，这些信息要尽可能详细。详细了解了投资人之后，才有可能成功投递商业计划书。投资成功之后，该投资人也会成为你人脉关系网中的一部分，再次融资投递商业计划书时就可以直接投递了。

2. 寻找投资机构人员，请他转交给投资人

如果你想要把商业计划书投递给投资人，但是你不认识投资人，这时候，你就需要采取其他办法来间接投递。比如说你可以寻找投资机构的人员，请他帮你把商业计划书转交给投资人。在投资机构的人员可以有很多机会接触到投资人，这些人员就是你可以转交、投递商业计划书的对象。

王阳经营的是一家体育用品公司，他想要扩大公司的规模，但是没有足够的资金支持，于是他想到了融资。他首先对体育用品市场进行了充分的调研，然后撰写了商业计划书，想要投递给投资人时发现，他根本就没有任何投资人的联系方式，因此投递也成了一件难事。

为了能把商业计划书投递出去，他想了很多办法，把自己的人脉关系网罗列了一遍，没有发现直接或者间接的投资人。他通过网络寻找了一些关于体育用品类投资机构的官网，在对比了这几家网站之后，王阳最终选择了一家他所看好的投资机构。从官网上找到了一个该投资机构工作人员的联系方式。

虽然这名工作人员不是他想要找的投资人，但是，他是投资人所在机构的工作人员，这名工作人员和投资人接触的机会很多，通过他来投递是最好的选择。

王阳与这名工作人员取得了联系，在说明了自己的目的、缘由之后，这名工作人员很爽快地答应把他的商业计划书交给投资人。通过这种方式，王阳最终把自己的商业计划书投递给了投资人。投资人对他的项目很感兴趣，并决定给他投资，最终使王阳获得了融资。

因此，如果你不认识投资人也没有关系，寻找能够有机会接近投资人的人，这也是你的良好选择。不管是直接投递还是间接投资，最终的目的只要达到了就是一种好的投递方式。

但是，这里你需要注意的是，在寻找投资机构的人员时，一定要对这名人员的信息反复确认，在真正确认了他是投资机构的人员时再把你的商业计划书交给他，不然很容易被骗，从而使你的商业计划书被不法分子利用。

确认投资机构工作人员的身份时，要去投资机构的官方网站中查找，如果官网中存在这名工作人员的信息，说明该工作人员是值得被认可的；如果投资机构的官网上没有这名工作人员的信息，就不要轻易把你的商业计划书交给这名工作人员。

在生活中存在很多商业计划书被盗用的案例，因此，在投递商业计划书时，不要把公司的核心机密发送出去。如果投资人对你的商业计划书感兴趣，会再次采用面谈的方式进行进一步了解。

因此，你一定要注意对转交商业计划书人员的身份进行确认，确认好之后再把商业计划书交付出去。

3. 利用官网，邮箱投递很方便

在当今的互联网时代，很多商业活动都可以通过网络来进行。在投递商业计划书时，邮箱也成了一种被经常使用的方式。目前，在很多投资机构的官网中会直接标示出来能够投递商业计划书的邮箱，方便想要获得融资的公司投递。

使用邮箱发送商业计划书时，需要注意以下问题。

1）基本的发送格式要正确

在发送前，你一定要仔细阅读投资机构官网上所标出的投递要求，有的投资机构为了方便查看，会提出统一的投递要求，你需要按照他们的投递要求来发送，否则吃亏的是你自己。

最基本的发送格式一定要保证是规范的，比如说主题要求是什么样的格式，是以 Word 的形式还是 PDF 的形式发送；要求发送的文件打包上传还是逐一把文件上传；在正文部分是否需要简单说明一下你的目的等。

2）尽量不要群发

有时候你可能会同时投递多家投资机构，为了方便，很多人会选择群发的方式。但是，很多时候，投资机构由于专注领域或者行业的不同，也有一些不同的投递要求，采用群发的形式很容易被投资机构发现。在他们看来，你的态度是不端正的，因此，对你也不会产生好的印象，即使你的商业计划书是优秀的。

如果由于特殊情况确实需要群发，一定要在邮件中表现出你的真诚。让投资机构在邮件中看到你的真诚，就像你们面对面交流一样。这样的邮件是投资机构比较青睐的,也会乐于去查看你的商业计划书。

3)细节问题要注意,低级错误不要犯

这里的细节问题指的是一些错别字;文字颜色不统一、乱用标题等。这些虽然都是非常细小的错误,投资人也许不会发现,但是,投资人一旦发现,就会对你产生不好的印象,因此,这些低级错误最好不要犯。

使用邮件投递商业计划书时,如果想要了解投资人对你的项目是否感兴趣,可以采用以下技巧。

找到你想要投递的投资人对应的邮箱,先写一封简短的邮件,内容可以是一些寒暄用语,然后把你的计划摘要也一起发送过去。

如果投资人很快就回复了你的信息,表示对你的项目感兴趣,会继续跟你要比较详细的商业计划书,这时候把你的商业计划书再发送给投资人就可以了。

投资人看了你的商业计划书之后,如果再次跟你联系,想要了解更多关于公司财务计划的信息,你需要把这些信息再发送过去。这说明投资人对你的项目很感兴趣,很可能会进行进一步的面谈。

以上技巧并不适用于所有人,你一定要根据自己的实际情况来投递商业计划书。如果不想冒太大的风险,你就可以直接把商业计划书发送到投资人的邮箱,需要注意的问题就是投递要求,一定要采用正确的格式投递商业计划书。

4. 寻找FA机构,使其做接洽人

很多企业或者公司直接投递商业计划书很困难,也很难获得融资,这时,就可以选择FA机构作为接洽人帮助公司获得融资。

FA机构具有丰富的融资经验,也认识很多投资人,专业性很强,他们能够帮助你厘清融资的逻辑;找到合适的投资人或者投资机构;协助你完成融资的整个过程。但是,并不是所有的FA机构都是靠谱的,你需要进行辨别,选择靠谱的FA机构。靠谱的FA机构体现在以下三个方面,如图7-1所示。

1)专业性

FA机构的专业性很强,他们熟悉从融资计划开启、市场调研、撰写商业计划书、投递商业计划书、修改商业计划书、洽谈等各个环节。在每一个环节,他们都能给予投资人最中肯的意见,为公司提供最专业的服务。

图 7-1　靠谱的 FA 机构体现

此外，除了业务知识过硬，在安排融资路演对象、流程以及注意事项中他们也体现出了专业性。专业的 FA 机构非常清楚把项目推荐给哪些投资机构，谁对这个行业感兴趣。对于一些没有重点关注项目的企业，他们会首先拿来做演练。他们会帮助公司安排好一天的路演，高效地完成每项工作。

2）用心、情商高

靠谱的 FA 机构在工作中非常用心，他们会从公司的角度来考虑问题，帮助公司应对各种意外情况。这样的 FA 机构拥有很多客户，不需要宣传，就拥有很高的知名度。

他们的情商也非常高。对于公司而言，在融资的过程中遇到挫折，难免会心里不平衡，产生负面情绪。这时候，优秀的 FA 机构懂得如何帮助公司摆脱这种情绪，稳定好公司的心态，给予他们更多的鼓励。

在与投资机构的沟通方面，FA 机构会通过合理的沟通交流来得知投资机构内部对于项目的决策意见以及进度，对公司持什么样的态度，从而帮助公司把握融资的节奏，占据有利的位置。

3）对行业非常熟悉

优秀的 FA 机构非常熟悉行业规律，能够全面把握市场行情。他们能够给公司提供有价值的行业动态以及市场信息。FA 机构在平常有很多机会接触到投资人，因此，对于投资人也有非常深入的了解。他们会把这些有价值的信息都传递给公司，帮助公司成功获得融资。

此外，他们还能够帮助公司把握市场的变化情况，利用自己所了解的信息帮助公司判别是否适合融资。根据市场的变化信息对融资进程适时进行调整。

在寻找 FA 机构时，一定要了解 FA 机构的知名度，在行业中的影响力，有哪些成功的案例。此外，还要了解 FA 机构是否熟悉你的行业，是否能够列举出一些投资人，能否给你提出比较中肯的建议，对你的竞争对手是否有过接触等。

5. 参加路演活动，直接面见投资人

想要投递商业计划书，还可以通过参加路演的方式，直接面对面和投资人沟通。现在有很多路演活动，这些活动你一定要去参加，尽量争取到一个路演机会，吸引投资人的关注。在每次路演活动中，你可以见到很多投资人，这也是你投递商业计划书的好时机。

在参加路演活动之前，除了准备商业计划书之外，还可以准备一个路演PPT，如果能争取到路演机会，PPT 就能派上用场。

在和投资人沟通之前，一定要制订一个沟通计划，想向投资人展现什么样的信息，把重点都列举出来，整体的逻辑要清晰，列好一个提纲。

在和投资人沟通时，尽量不要说一些大家都知道的信息，投资人看过的项目非常多，他们了解的也非常多，由于时间有限，你一定要把关于你的项目最有价值、重点的信息说出来，这样才会吸引投资人。把你的团队、项目的亮点之处都说出来，因为投资人非常关注是否能从你的项目中获得丰厚的回报。

在和投资人的沟通中，你需要注意以下问题。

绝对真诚。投资人都喜欢和真诚的人打交道，即使你的商业计划书做得并不好，但是你很真诚，同样能吸引投资人的注意力。要注意你的语气，不要采用强硬的语气和投资人沟通，这会引起投资人的反感，也不会成功投递商业计划书。

保持坚定的态度。在和投资人沟通时，投资人可能会问你一些问题，对于这些问题的答案不要摇摆不定，一定要坚定自己的立场，即使投资人对你提出了怀疑。摇摆不定会让投资人看出你的不自信，对于自己的项目没有充分的了解。如果你能坚定自己的观点，并列举出你的理由，在投资人眼中，你也是非常专业的，在自己的项目中也投入了很多精力。

列举的数据要真实。由于投资人在平常会看很多商业计划书，因此，他们对于很多项目的实际情况也是非常了解的。如果你列举了不真实的数据，很可能被投资人发现，认为你是没有经过充分的市场调研得出的数据，这种虚假数据可能就会让投资人直接否定你的项目，甚至连投递商业计划书的机会都失去。

直奔主题。在路演活动中，投资人是每个想要获得融资的公司关注的焦点，

因此，能够和投资人沟通的机会并不多，既然获得机会，就一定要把握住时间，直奔主题。不需要用重复啰唆的语言来引起话题，直奔重点，避免由于时间有限，投资人没有了解你的真正用途，对你的项目没有任何的了解，这样你肯定无法成功投递商业计划书。

路演活动是你能够直接接触到投资人的最好时机，因此，如果你想直接把商业计划书投递给投资人，一定要多参与路演活动，在活动中争取和投资人沟通的机会，然后成功投递商业计划书。

二、投递之后一直没有反馈该怎么办？

很多公司在投递商业计划书之后，一直没有收到投资人的反馈，也不知道什么地方出了问题。投递商业计划书，不要大撒网，随便投递，投递时要根据项目的实际情况选择合适的投资人。如果一直没有反馈，公司要主动询问或者再投递给其他投资人。深入地了解投资机构以及投资人，做到投其所好才是最重要的。

1. 别撒大网乱投递，要有针对性

李超经营着一家餐饮行业的公司，他想要扩大公司规模，发展连锁店，但是没有充足的资金来帮他实现这一想法。想要获得资金支持，融资成了最佳选择。在经过充分的市场调研之后，他撰写好了商业计划书，计划投递给投资人。

他从网上找到了很多投资机构的官网邮箱，想要通过邮件的方式投递商业计划书。对于投资人以及投资机构他没有进行深入了解就投递了，结果等了很长时间都没有收到回复。

从上述案例中我们可以看出，广泛撒网投递商业计划书的方式是不可取的，这样反而会得不到投资人的青睐，因此，投递商业计划书一定要有针对性。

在投递商业计划书之前，需要清楚地知道你想把你的商业计划书投递给谁，找到合适的目标之后，有针对性地投递。想要成功融资，并不仅仅是简单地投递一份商业计划即可，你还需要正确地使用商业计划书。

不管你的商业计划书多么优秀，它都不会让所有的投资人都满意，对你的项

目感兴趣的投资人才会认为你的商业计划书是优秀的，这也是为什么要有针对性地投递商业计划书的原因。

针对性还指的是投资人关注的投资行业与你的行业相近，在这样的情况下，你是可以投递的。由于你的项目也在他们关注的范围之内，因此，他们也是会关注你的商业计划书的，如果你的商业计划书足够优秀，就一定会得到回复。

所以，在有了针对性的目标之后，剩下的就是如何撰写一份能打动投资人的商业计划书，如何让你的项目成功地吸引投资人。

对于投资人而言，最关注的是你的项目是否具有潜力让其能够得到丰厚的回报。一般来说，投资人会从以下几个方面来判断项目的潜力。

项目本身的可持续性。在商业计划书中你需要详细阐述项目的商业模式，如果这个项目的市场前景是广阔的，那说明项目在市场中是非常具有潜力的，未来的发展空间也会足够大，对于投资人来说，项目是能够获得回报的。项目的市场前景并不是凭空描述的，而是经过充分的市场调研之后获得的，通过市场调研得出的数据和详细的运营成本及收益分析告诉投资人你的项目是否具有市场，真实的数据会让投资人相信。

公司本身也是投资人最为关注的，如果公司及其团队不仅拥有丰富的专业知识，对待项目也非常严谨，在投资人眼中，这是一个非常具有潜力的团队。因此，在商业计划书中或邮件中要把你的团队进行详细的介绍。

再一点就是对竞争对手的分析。商业计划书中对竞争对手的分析也是投资人关注的部分。他们关注对竞争对手的分析最主要的目的就是看你的项目在市场竞争中是否有足够的竞争力，与竞争对手相比，你的项目具有什么样的优势。

总之，要有针对性地投递商业计划书，同时还要做一份投资人喜欢的商业计划书，这两点都做到之后，就很容易收到投资人的反馈。

2.干等着不是办法，岂不是浪费自己的时间？

很多公司投递商业计划书之后就一直干等着，这种方式是不可取的。很多投资人如果对商业计划书不满意，就不会再反馈给投递人。对于投递人而言，由于不知道投资人对自己的商业计划书不满意，还会一直等下去，久而久之，就会错过很多再次投递给其他投资人的机会。

因此，在投递商业计划书之后一星期还没有收到投资人的反馈，这时候你要主动出击。如果你是通过邮箱发送的商业计划书，你可以再次向投资人发送邮件询问商业计划书的情况，这时候投资人会告知你对商业计划书满意与否。

如果得到投资人肯定的回答，只是由于比较忙，进度比较慢，你只要耐心等待就可以了。如果投资人给予否定的反馈，这时候，你需要礼貌地向投资人询问不满意的原因，有些投资人会把商业计划书中的不足之处告知你，这对于你来说也是一种收获。及时更改商业计划书中的不足之处，再次完善，修改好之后再次寻找合适的投资人投递就可以了。

还有的公司通过朋友间接投递的商业计划书，得不到反馈，就需要朋友去询问一下投资人具体情况，然后根据投资人的回复再做具体分析。

如果主动联系投资人，投资人依然没有给你任何反馈，那你就要寻找其他的投资人了。在找新的投资人之前，一定要对自己的商业计划书进行反复修改，得不到投资人的反馈，肯定还是你的商业计划书存在一定的问题，因此，再次修改也是有必要的。

修改商业计划书时，如果不知道如何修改，可以找在投资行业的朋友帮助，这类朋友对于投资的经验会比你更丰富，他们更了解投资人，因此，让他们帮忙修改是最好的选择。

除了找投资行业的朋友之外，你还可以找专业的 FA 机构帮忙修改商业计划书，FA 机构除了帮你修改商业计划书之外，还会给你更多关于融资方面的建议、如何寻找合适的投资人等，他们拥有丰富的融资经验，让他们帮忙也是比较好的选择。

总而言之，如果你投递了商业计划书一直得不到反馈，一定不要干等着，这也是在浪费你的时间。你要主动联系投资人，主动联系获得反馈的概率会更大。如果你的投递确实失败了，也可以去找新的投资人投递。

3. 了解投资机构和投资人，做到投其所好

俗话说："知己知彼，百战不殆。"想要获得投资人或投资机构的反馈，就需要深入了解他们，投其所好才是重点。深入了解投资人首要的目的是看他是否是合适的投资人，主要从以下几个方面来判别。

投资人对你的企业的熟悉程度。公司在融资时更倾向于寻找企业家投资人，因为这些投资人也经历过企业从初期、成长到发展的每一个过程，他们也是一步步从融资走过来的，因此，对于你的企业的一些情况他们会有独特的分辨力，这是一些专业投资人所没有的。

投资人的投资偏好与企业发展方向是否一致。不同的投资人会有不同的投资偏好，因此，你需要了解投资人的投资偏好，看他们与你的企业发展方向是否一致，如果一致，这些投资人就是合适的投资人。

投资人的理念与公司理念是否相近或一致。投资理念也是需要去关注的，如果拥有相近或者相同的理念，那么，这个投资人在某种程度上可能会给公司带来很多潜在的资源。

选择好投资人之后，就需要深入了解投资人了，投其所好才能让你更加顺利地融资。

了解投资人的投资风格。例如，投资人喜欢投资一些更加沉稳的项目，喜欢看数据型的商业计划书，这时候，你就需要根据他的喜好，制作一份数据型的商业计划书，那么，得到他青睐的概率就会很大。

了解投资人的性格、工作习惯等。有的投资人喜欢在网上看商业计划书，有的投资人则喜欢看纸质的商业计划书，喜欢与公司面对面的交流，一边对公司的项目提出疑问，一边看商业计划书等，这些你都需要提前了解，然后根据他的习惯选择投递方式。

了解投资人的生活习惯。投资人在日常生活中有什么样的爱好，比如，投资人喜欢喝茶，这时候，你就可以在面对面交流的时候选择茶馆等地方作为面谈地点。这会让投资人对你产生深刻的印象。

了解投资人的语言风格。每个人都有不同的语言风格，有的投资人语言比较幽默，性格开朗，这时候，你也可以说一些幽默的话。如果投资人是一个很注重仪式感的人，说话很官方，那么，你也需要采用官方的语言来和投资人交流。

了解投资人以前投资过的项目。投资人在以前都投资过哪些项目，这些项目也是需要你去研究的，每个投资人都会有自己的投资偏好，从他投资过的项目中你可以发现他的投资偏好，然后根据他的偏好投递商业计划书或者面谈。

总之，商业计划书不是随便投递的，而是对投资人有了深入的了解，知道他的行事风格、行为偏好之后再进行投递。对投资人有了深入的了解，投递得到反馈的概率才会更大。

三、别随便投递商业计划书，咱的眼光也得挑剔一点

投递商业计划书要挑剔一点，获得融资的概率才会更大。在投递时，要注意基金的背景，如果投错币种就等于做了无用功；根据你目前所处的融资阶段选择合适的投资人投递；抓住懂行的人投递；投资人是否投资过竞争对手也是需要你去关注的；有黑历史的投资人千万不要投递。

1.别看错基金背景，投错币种只能是浪费时间

基金有很多种，一般可以分为美元基金、人民币基金等，每种基金都有不同的特点以及风格，公司在投递时一定要弄清投资人的基金背景，以免投错币种。

美元基金是美元投资或者境外募资，以外商投资人的形式对国内的企业进行的投资，他们在境外上市以及退出。

人民币基金则是以人民币作为募集资金的投资公司，他们用人民币投资，一般情况下是在境内上市以及退出。

美元基金的存续期比较长，一般为 8~10 年以上的存续期，人民币基金的存续期大约为 7 年，它的投资压力比较大，项目培育和等待的时间相对较短，对于投资项目也相对保守一些。此外，人民币基金还需要提升资本能力。

公司想要选择美元基金或者人民币基金都无所谓，主要还是由公司自己的考虑角度来决定。美元基金和人民币基金对创业公司的影响主要有以下几方面。

在审批管制以及交易结构方面主要面临政策以及法律的问题。在我国有一些行业是不允许或限制外资的，如果公司选择的是美元基金，那么，很可能在审批上会遇到困难。这些公司还需要搭建没有强制审批的 VIE 架构，交易结构相对来说更为复杂。

上市地点也有所不同。选择美元基金的公司一般在以美国为主的境外上市，选择人民币基金的公司一般都是在国内的 A 股上市。

公司还需要考虑资源以及市场等方面的因素。如果创业公司的市场主要面向的是海外，那么选择美元基金，打下海外基础，将会更有利于公司以后的发展。如果创业公司的市场主要是在国内，选择人民币基金是更具有优势的。

美元基金更关注的是长远利益，所以给创业公司的估值比较高，并且成长空间也足够大。此外，他们具有非常专业的知识，对于投资的把控能力很强。如果公司想要获得更多的融资，可以选择美元基金。

对于想要在国内发展的创业公司来说，选择人民币基金可以使后续的发展计划安排更加清晰。

近些年来，人民币基金发展的速度非常快，很多美元基金也开始设立人民币基金，采用混合经营的方式来投资。

公司在选择基金时还需要考虑的问题是退出机制。选择人民币基金的公司其退出机制为并购、境内上市、新三板定增以及其他方式。选择美元基金的公司其退出机制为并购以及境外二级市场上市。

不管选择什么样的基金币种，公司都一定要根据自己的实际情况来选择，不然就是做无用功了。

2.投递商业计划书要看融资阶段，不然也只能石沉大海

在投递商业计划书时还要考虑企业所处的融资阶段，根据实际情况，选择投资人。公司在不同的阶段所采用的融资方式也不同，选择的投资人也不同。

1）种子期

种子期一般采用的融资方式是天使投资、政府资助等。处在种子期的公司一般来说还处于空想阶段，产品、市场等都还没有正式形成。这个时期，你需要投资的投资目标是种子期投资人，他们是专门针对种子期的公司设立的投资机构。想要获得投资也是非常艰难的，公司需要做好充分的准备。

2）创建期（天使期）

创建期的公司可以选择创业投资的融资方式。这时公司开始步入正轨，产品、人才、设备、管理等方面都有了较为稳定的结构，产品在市场中的运作也已经步入正轨。在这个阶段，公司可以去寻找天使投资人或天使投资机构。

这一阶段企业的经营风险可以说已经大大降低了，而且具有非常大的发展潜

力，投资人也会比较倾向于具有巨大发展潜力的企业。因此，这一阶段，你需要在商业计划书上让投资人看到公司的发展潜力，从而获得资金。

3）A 轮融资

这个阶段公司开始正常运作，产品也更加成熟，具有完整的商业及营利模式，在行业中也具有一定的知名度和影响力。这个阶段选择的投资人是专业的风险投资机构或投资人（VC）。

4）B 轮融资

这一阶段，公司已经有了很大的发展，并且开始盈利，已经具备非常完善的营利模式，主要的目的是推出新的产品或服务，进一步扩大市场。

这个阶段选择的投资人是 A 轮融资中已经投资过的投资人继续跟投、私募股权融资（PE）。

5）C 轮融资

这个阶段，公司的商业模式已经非常成熟，离上市也非常近了，在行业中具有很大的影响力，为了继续扩大规模而进行融资。

这个阶段选择的投资人主要是私募股权融资，当然也可以选择之前的风投机构。

6）IPO 上市

这个阶段公司已经准备上市，想要在国内或国际上扩大市场，提升影响力。主要选择的是 IPO 上市融资，企业通过出售股权获得更多的资金。

总之，企业一定要根据公司目前所处的阶段来选择相对应轮次的投资人，这样才能避免商业计划书石沉大海。

3. 找对懂行的人，不然就错过了机会

有的公司在投递商业计划书时只要是投资人就进行投递，完全没有考虑是否合适。比如，你的公司涉及的领域是金融，而你选择医疗行业的投资人来投递。投资人对你的项目是不会感兴趣的，因为他们不懂你的项目，因而也就不会给你反馈。

每个投资人都有自己关注的领域及行业，对于他们关注的行业也都具有非常专业的知识。你需要找到和你的行业相对应的投资人，这样才能保证投资人能看懂你的商业计划书，并很有可能对你的项目产生兴趣。

那么如何选择一个懂行的投资人呢？懂行的投资人主要分为以下两种类型。

1）核心的投资人

他们有着非常丰富的经验，经过很长时间才积累起财富，投资领域非常广泛，对于每个领域都具有非常深入的了解。

关系网庞大。这些投资人认识很多人，在做投资人之前也积累了非常丰富的人脉资源，他们会把他认识的人脉介绍给你，从而给你提供更大的帮助。

懂商业。这些投资人基本上都是商人出身，对于商业领域也非常熟悉，他们会指导你的公司如何经营自己的品牌，开展营销。

有品牌的人。他们可以利用广泛的影响力帮助你的公司做宣传，提升公司的影响力及知名度。

2）业务高手型投资人

业务高手型投资人也是经验丰富的人。这些投资人对你的行业非常熟悉，因此，对你的项目也很容易理解，这样的投资人可以给你的商业计划书提出中肯的意见。

如何判断投资人是否是懂行的投资人，首先你可以看他之前投资过的一些项目是否与你的行业接近或一致，如果之前的项目和你的项目属于同一个行业，说明该投资人对你的行业也是比较了解的；其次，每个有影响力的投资人或投资公司都会有自己专门的网站，你可以去查看关于他的信息介绍，从而了解他所擅长的领域以及关注的领域。最后，你还可以通过你的朋友来间接获取关于他的信息，了解他对你的行业是否熟悉。

如果你选择的投资人是一个非常懂行的人，那么，你一定要抓住机会投递你的商业计划书。由于投资人懂你的行业，所以很容易看懂你的项目，对你的商业计划书也很有可能感兴趣。如果投资人不看好你的商业计划书，但是由于他很懂你的行业，还能给你提出一些商业计划书中的不足或者项目本身存在的一些问题，这些对你都是非常有帮助的。

4.是否投过竞争对手？具体问题具体分析

社会上也存在着一些投资人泄露融资公司商业机密的案例。

了解投资人是否投资过竞争对手公司的主要目的是保护公司的商业机密。如果投资人投资过你的竞争对手公司，那么你选择同样的投资人有可能会泄露公司的商业机密。但是有些投资人或投资机构关注的是同一个领域。在同一个领域中，他们会投资多家公司，所以，投过竞争对手也不会有太大影响。你在考虑时可以根据实际情况具体问题具体分析。

很多公司在寻找投资人融资时，最担心的问题就是公司的商业机密被泄露，因此，这些公司在商业计划书的首页会把保密条款罗列出来，还有一些公司会直接要求投资人签署一份保密协议。

一般情况下，投资人是不会签署保密协议的，除非他们非常看好公司的项目，想要进一步了解项目才会签署保密协议，但这种情况非常少。投资人不愿意签署保密协议是有一定原因的，他们每天都会看很多商业计划书，而很多项目都是很相似的。公司可能认为自己的项目是唯一的，具有独特的商业模式，但是又见了几家同样说辞的公司。如果每家都签署保密协议，那么投资人很可能会面临巨大的法律风险。

因此，对于投资人是否投递过竞争对手公司，你需要根据公司自身的实际情况来判断。如果你想要把风险降到最低，那么，就选择那些没有投资过竞争对手的投资人。如果你很相信投资人，不介意他投资过竞争对手的公司，那么选择投资人的范围就大一些，从而也增加成功融资的概率。

5.有黑历史的投资人，再有钱也不能考虑

有些公司为了获得更多的资金，完全不考虑投资人是否有过黑历史。如果你选择了有过黑历史的投资人，很可能会对你的公司造成不利的影响。投资人的黑历史可以分为以下四种情况，如图7-2所示。

1）签了TS，不签投资协议

有些投资人与想要获得融资的公司签订了TS之后就失去音信了。公司与投资人签订TS时，会有一个排他期，排他期的时间不固定，可能是一个月、两个月甚至半年。在排他期里，投资人要求公司不再向其他投资人融资，不能签署任何融资协议。

公司拿到了TS之后，满怀希望地等待投资人签署投资协议，但是投资人以各种理由拒绝签署该协议，导致想要融资的公司错过了融资的黄金时期，影响公

司项目的发展。

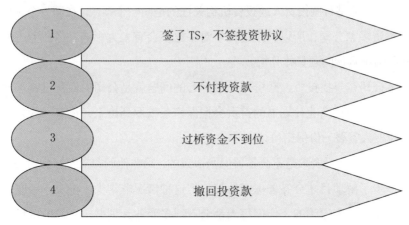

图 7-2　投资人的黑历史

2）不付投资款

投资人与公司签署了投资条款之后，对想要融资的公司的项目做了详细的尽职调查，双方最后签署了投资协议，但是投资人没有按照协议规定的时间给公司支付投资款。投资人拿出各种理由拖延时间，这些理由又是公司无法回绝的。

投资人不支付投资款，导致公司需要的资金无法到位，项目也不能顺利开展，投资人的这种行为给公司带来了严重的损失。

3）过桥资金不到位

投资人与融资公司签订投资条款之后，按照各种款项的规定，投资人需要预先支付一笔"过桥资金"给公司，但是公司签署了借款协议以及担保协议后，投资人仍然不肯把过桥资金支付给融资公司。

最后，投资人想出各种各样的理由，比如，基金的 LP 出现了一些问题，导致资金无法到位。遇到这种情况，有些融资公司也不知道怎么办，这也大大增加了公司的时间成本以及机会成本，给公司带来了非常严重的损失。

4）撤回投资款

投资人与融资公司签署了一系列的协议条款之后，公司等了一段时间，投资人却告诉公司，他们想要撤回投资款，不再继续投资公司的项目。这对于公司而言，会造成各种麻烦。公司拿到投资款之后，会把资金划分到各个部门来推进项目，但是投资人一旦撤销投资款，则意味着公司没有了资金，很多部门，例如生产部门就无法正常运转，使公司陷入危机。

因此，在选择投资人时也要对投资人的历史进行深入了解，查看投资人在过去是否存在黑历史，一旦发现投资人的黑历史，就要果断放弃这个投资人，以免给自己的公司带来不必要的麻烦。